この本は『手作りおしゃれ服』1999年夏号、1999年秋冬号、2000年春号、2000年夏号、2000〜2001年秋冬号に掲載の作品からピックアップして再編集したものです。

作品デザイン＆製作
川上ユキコ　佐藤太枝子

手作り1年生シリーズ

スカート

手作り1年生シリーズ
スカート

CONTENTS

初心者にも体に合ったスカートがぬえるレッスンつきスタイルブックです。
5種類のスカート型紙のほか、スーツも作れるようにジャケット型紙を1種つけました。
実物大型紙はM、L、LLの3サイズ、型紙を使わず作る簡単スカートもいっぱいです。
ベーシックなスカートからリゾート用まで、大好きな布地でたくさん作ってみましょう。

型紙A　ヨーク切りかえのスカート……4

タータンチェックのスカート 4／デニムのスカート 5／上品なひざ丈スカート 7／ワンボックススカート 8／ロング丈のギャザースカート 9／フェイクレザーのロングスカート 9／ハンドステッチのスカート 10

型紙B　ノーカラージャケット……7

定番タイプのジャケット 7／おしゃれシーンに着られるジャケット 10／型紙Bの応用ジャケット 20

型紙C　バリエーションスカート……11

縦長ラインを強調するフルレングス 11／ウエストフリーのひもスカート 12／ボックスプリーツ風スカート 12／折りたたみ式スカート 13

型紙D　台形のスカート……14

基本型のデイリースカート 14／スタンプ模様のスカート 14／丈が決め手のロングスカート 15／着回し万能のひざ丈スカート 16／フリルつきスカート 17／ゴムギャザーのきれいなスカート 17

型紙 E ギャザースカート 18
ゴムギャザーの簡単スカート 18／カジュアルなステッチスカート 18／リバーシブルスカート 19／No.23と同素材のスカート 20／ペチコートつきスカート 20／ロング丈のティアードスカート 21

型紙 F タイトスカート 22
超ミニのタイトスカート 22／便利な黒のタイトスカート 23／らくらくゴムウエストタイト 24／スリット入りロングタイト 24

型紙なしで簡単に作るスカート 25
ラブリーティアード 25／配色で決まるシンプルスカート 26／ひも使いのラップスカート 26／ラップ風ロングタイト 27／オーガンジースカートとアンダースカート 28／オーバースカートとアンダースカート 28／チューブトップ 29／シフォンのオーバースカート 29／オーバースカートつきスカート 30／ボーダープラスのスカート 31／前後共用のツーウエイスカート 31／小花のオーバースカート 32／エプロン風のオーバースカート 32

型紙Aを使ってスカートレッスン..................5
型紙の使い方..................33
ソーイングQ＆A..................34
掲載作品の作り方..................36

とじ込み付録
M、L、LL実物大型紙

難易度マーク
● .... すぐにぬえて簡単
●● .... まあ簡単
●●● .... ちょっと頑張って！
●●●● .... 根気よく頑張って！

作品についている●マークは、作り方の難易度の目安です。数が少ないほど簡単です。

STAFF
撮影 ● 小池哲夫　塗師岡弘次　主婦の友社写真室
カバー、表紙デザイン&AD ● 大藪胤美（フレーズ）
レイアウト&DTP進行 ●
カラーページ　石原志保（フレーズ）
作り方ページ　原 成寿（シードラゴン）

モデル ● 田中美保　田丸麻紀　佐藤えつこ
小林千鶴　まこと　AKI　岸 史子　ユリエ　小針知子
池田幸恵　田村えり　栗山千明　篠田あきえ
尾崎沙也
スタイリング ● 霜鳥麻紀
ヘア ● 中島由起子（MAHALO）
メイク ● 澤田知佳（MAHALO）

編集 ● 創イングスタジオバズ
デスク ● 駒 由美子（主婦の友社）

型紙 A を使って スカートレッスン

01
P.4 タータンチェックのスカート

02
P.5 デニムのスカート

ヨークをバイアス地やステッチで効果的に演出したいスカート。レッスンには、わかりやすいようにデニムを使って、赤のステッチをプラス。ミシンかけに自信のない人なら同色のステッチにしても。

材料
チェックまたはデニムを116cm幅×1m、22cmのコンシールファスナー1本、接着しん40cm×50cm、1.5cm幅のび止めテープ

型紙の作り方
A後スカート・A前スカート・A前後ヨークの3枚を、P.33を参照して指定寸法のぬいしろをつけ、別紙に写しとります。この本では、Aの型紙で7種のスカートが作れますから、スカート丈などに注意して型紙を作ってください。ミニ丈のスカートは型紙に作品番号で表示しています。

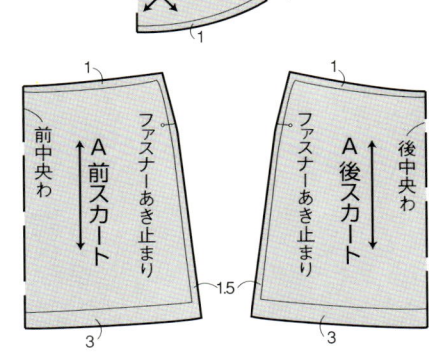

裁ち方のポイント
No.01のようなタータンチェックを使うときは、ヨークにバイアス地を使うと切りかえがかわいく仕上がります。図を参照してヨークを裁ち、ヨークの裏側につける見返しは、ヨークと同じ型紙を使って、布目を横に通して裁ちます。両方ともバイアス地で裁つと、ヨークがのびやすくなるからです。

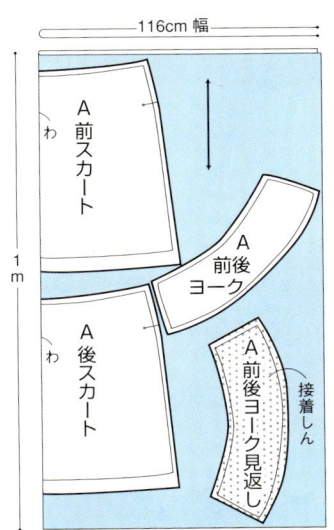

1 裁断
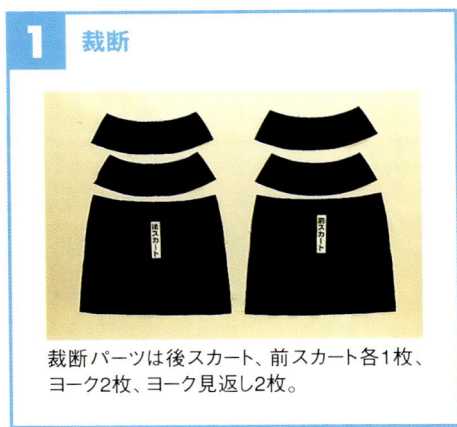
裁断パーツは後スカート、前スカート各1枚、ヨーク2枚、ヨーク見返し2枚。

2 合いじるしを入れる
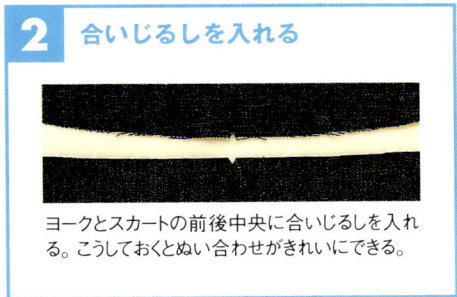
ヨークとスカートの前後中央に合いじるしを入れる。こうしておくとぬい合わせがきれいにできる。

3 ぬいしろを始末する
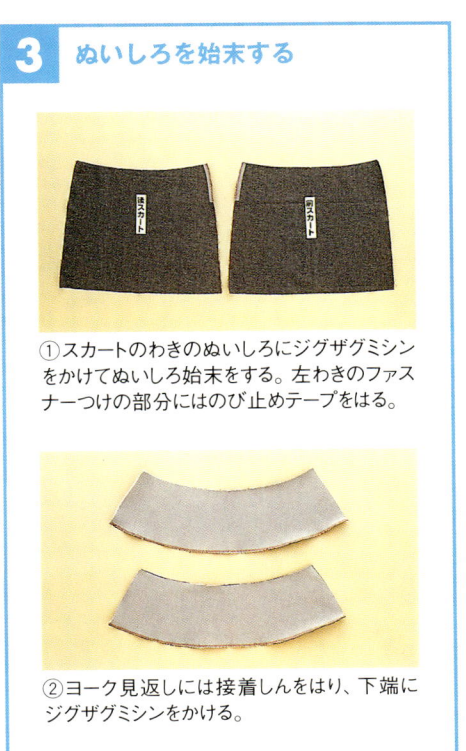

①スカートのわきのぬいしろにジグザグミシンをかけてぬいしろ始末をする。左わきのファスナーつけの部分にはのび止めテープをはる。

②ヨーク見返しには接着しんをはり、下端にジグザグミシンをかける。

型紙 A

4 わきをぬう

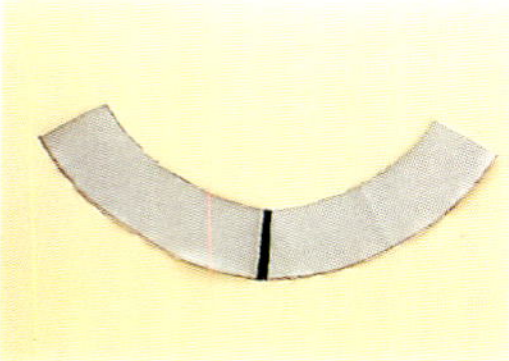

①ヨーク、スカートとも右わきをぬいます。

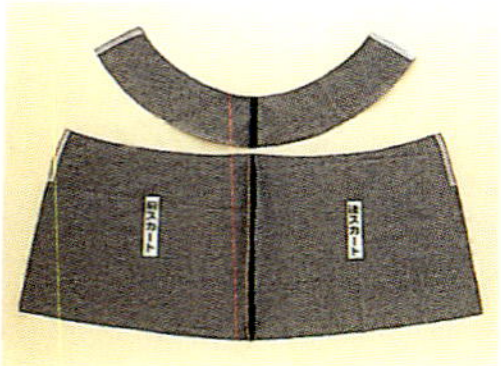

②アイロンでぬいしろを割ります。

5 ヨークをつける

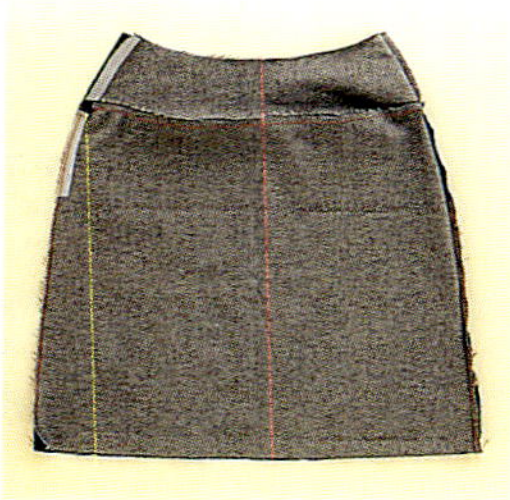

①わき線と前後の合いじるしを合わせて、スカートとヨークをぬい合わせる。

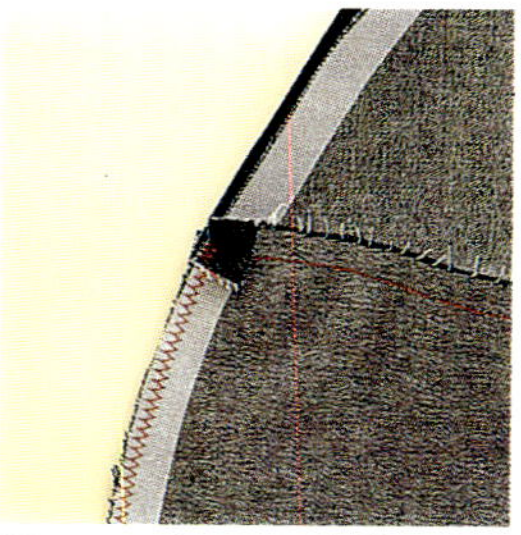

②ファスナーつけ部分のヨークぬいしろは切り込みを入れて割っておく。

6 ファスナーをつける

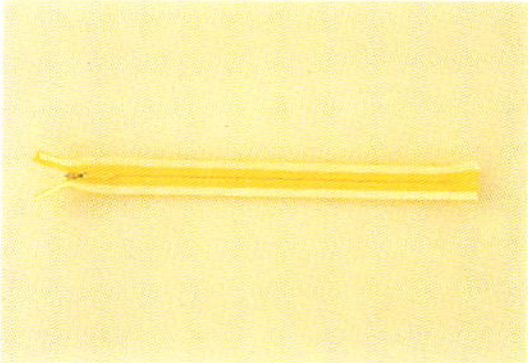

①コンシールファスナーのテープ部分に5mm幅の両面接着テープをはる。

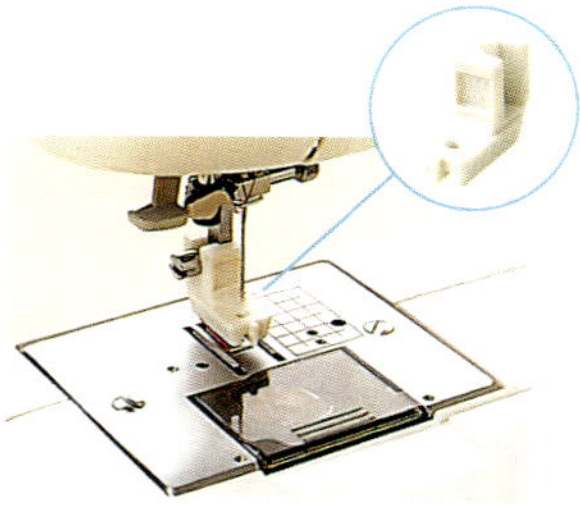

②コンシールファスナー専用押さえ（白のプラスチック製）をとりつける。

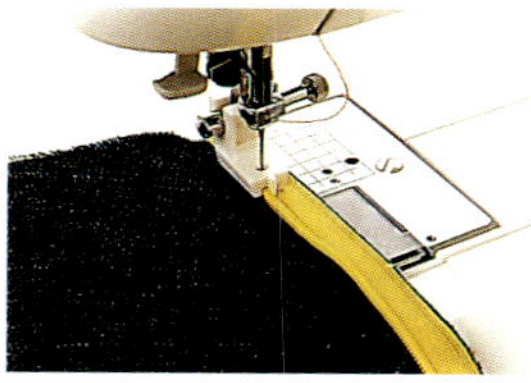

③ファスナーを左わきのぬいしろに接着してから、押さえの溝にむし（ギザギザの部分）をはめて、あき止まりまでぬう。

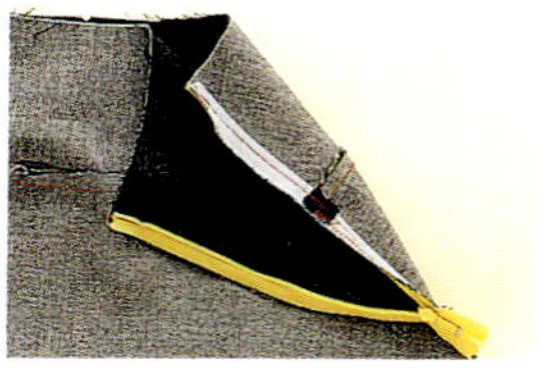

④ファスナーがついたところ。接着してからミシンをかけると、ずれることもなく、簡単につけられる。

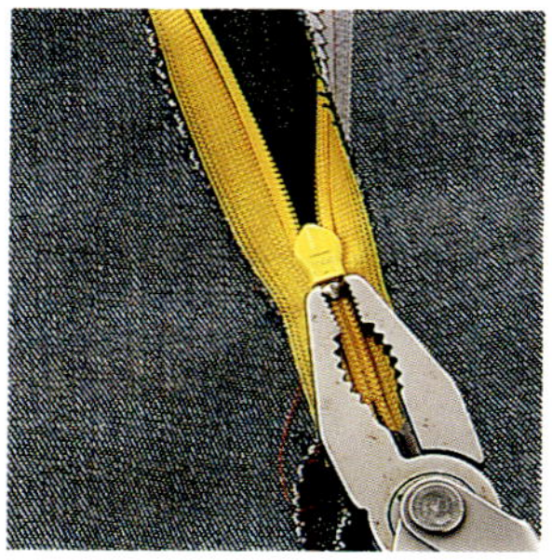

⑤ファスナーの止め金をあき止まり位置まで動かし、ペンチではさんで止める。好みの位置に移動できるので、ファスナーの長さを、洋服に合わせて変えられる。

7 見返しをつける

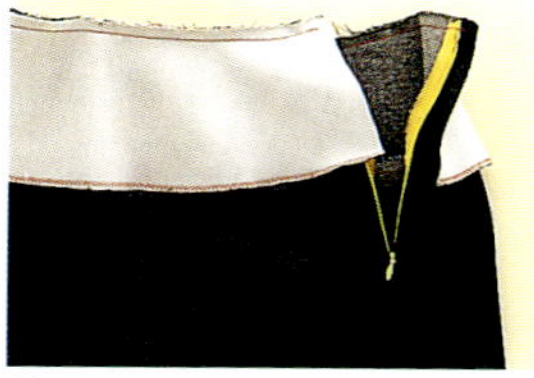

①ヨークと見返しのわき、前後中央を合わせてぬい合わせる。

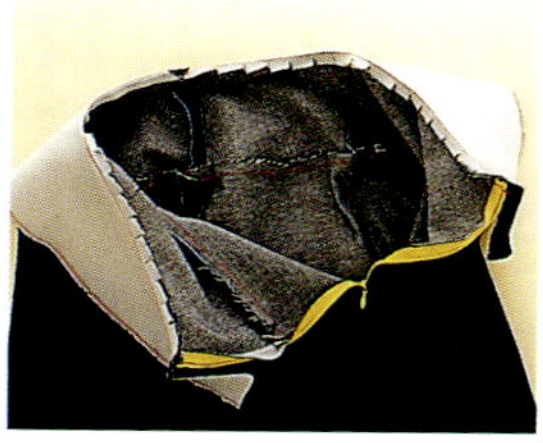

②ぬいしろに切り込みを入れ、ぬい目のきわからスカート側に折ってアイロンをかける。

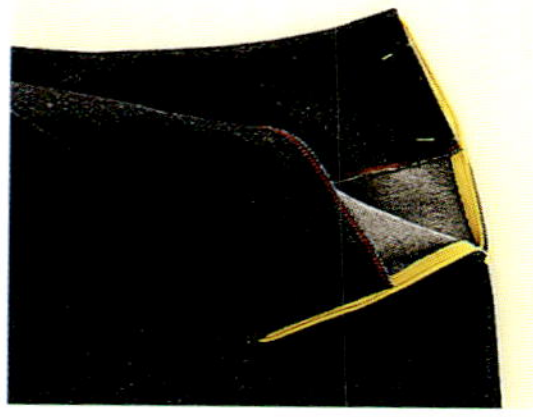

③見返しを表に返し、左わきのぬいしろは折ってまつる。

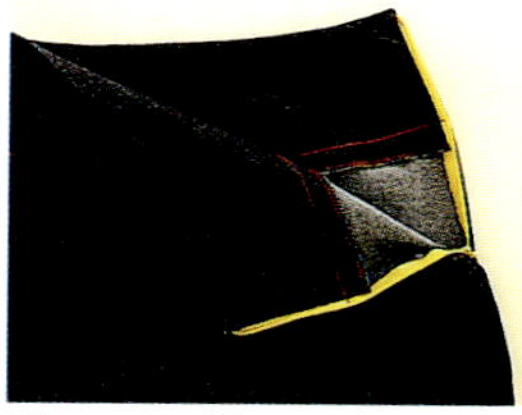

④ヨークの切りかえ部分にステッチをかけ、見返しを押さえる。

⑤すそを三つ折りしてミシンをかけでき上がり。

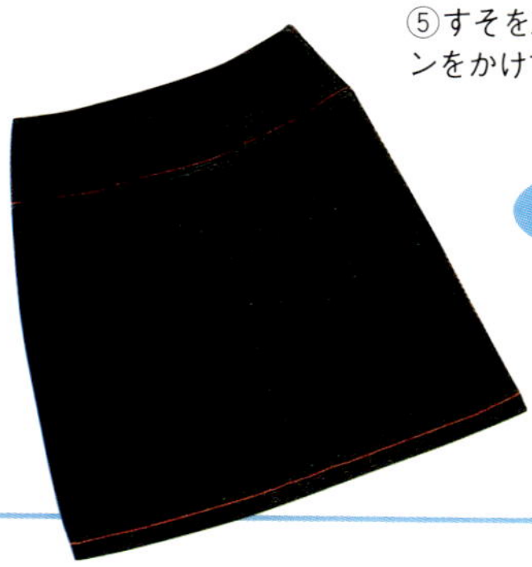

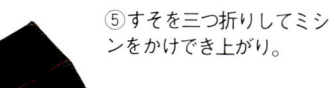

でき上がり

B 型紙
ノーカラージャケット

定番タイプのジャケット
🔘🔘🔘 作り方→36ページ
型紙Bでジャケットに挑戦。見返しとそで口に小花プリントを使って、デザインポイントにしました。いわゆる大人顔のジャケットにならないよう、素材にはデニムをチョイス。これならカジュアルダウンしたスタイルにもぴったりです。

03

クラシックスーツはデニムで作るのが新鮮

上品なひざ丈スカート
🔘🔘 作り方→36ページ
足がきれいに見える近ごろ人気のひざ丈。ジャケットとセットで作れば、クラス感のあるスーツスタイルも楽しめます。トップとのバランスがきれいで活用範囲が広いこともうれしい。作り方はNo.02と全く同じだから、初心者も安心。

04

型紙 A + B 型紙

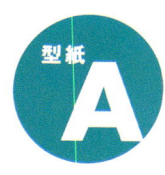

型紙
A

トラディショナルスタイルがスカッと決まるワンボックスプリーツ

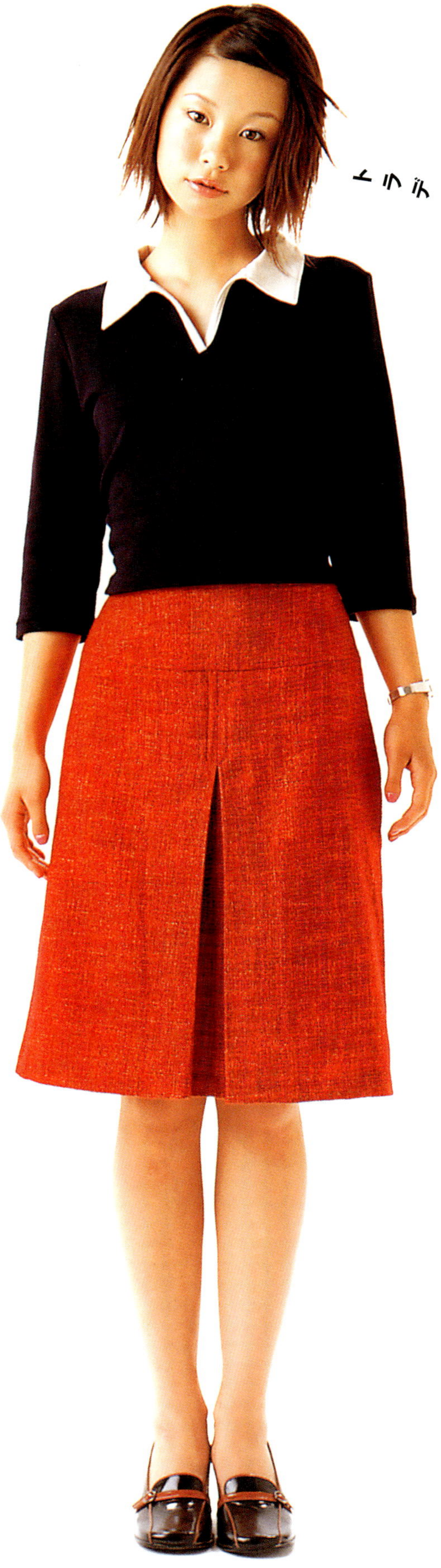

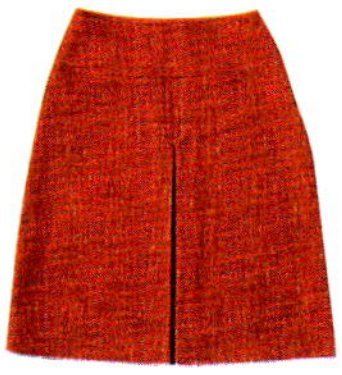

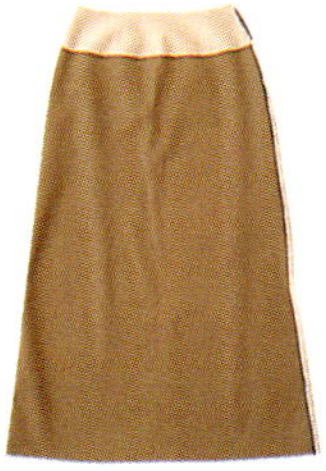

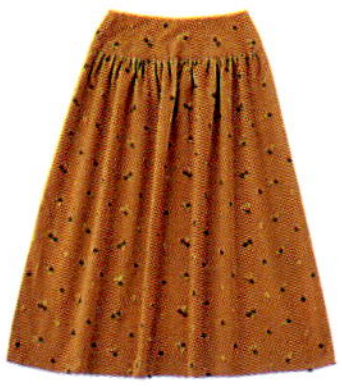

05

ワンボックススカート

作り方→39ページ

大人気デザインのレトロなワンボックスプリーツ。これ一枚だけでコーディネートに新しさが加わり、おしゃれな印象に。鮮やかな赤、ツイード調の素材をとり入れると、旬のテイストが楽しめます。えりつきシャツとで正統派トラッドに。

**ロング丈の
ギャザースカート**

🔘🔘🔘 作り方→40ページ

たっぷりギャザーを寄せたスカートも、こんなふうにヨーク切りかえのタイプならウエストがすっきり。型紙の丈をぐ〜んとのばして、フェミニンな雰囲気を盛り上げました。落ち感のある素材選びが、おしゃれに仕上げるポイントです。

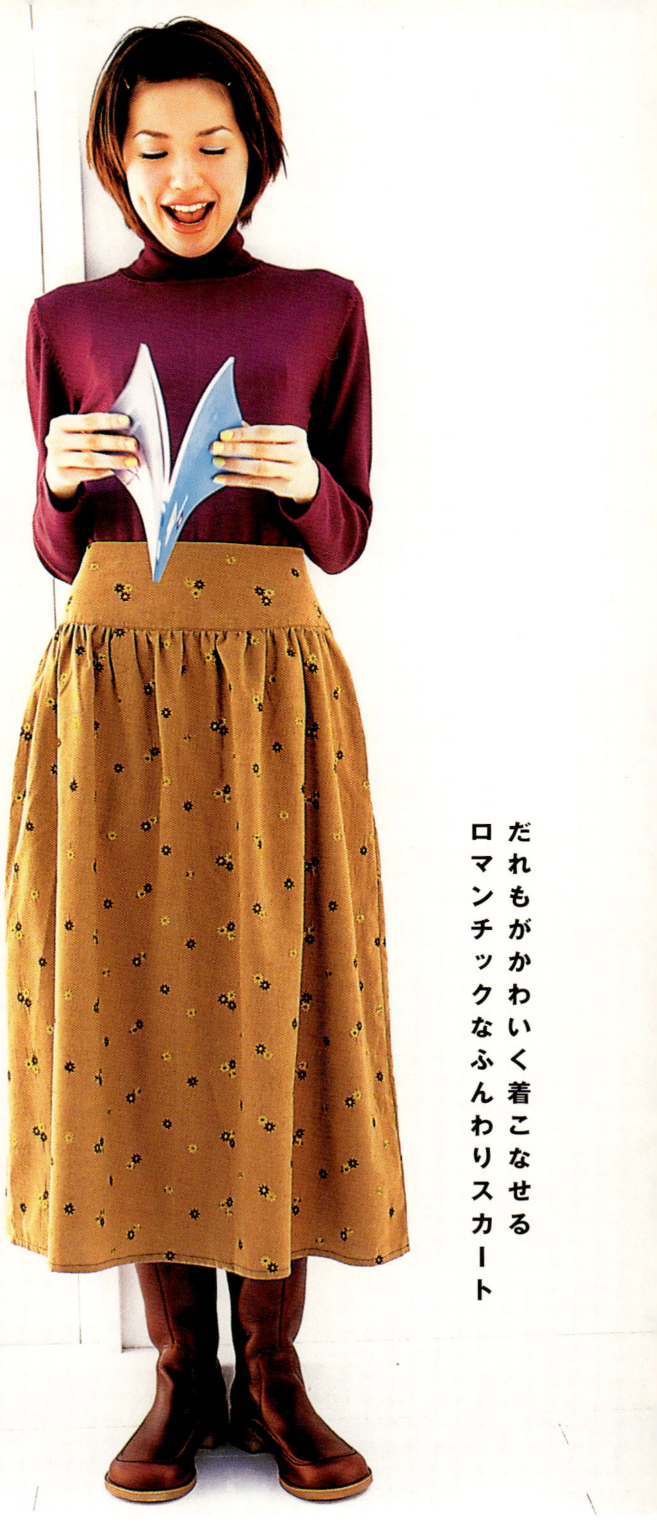

だれもがかわいく着こなせるロマンチックなふんわりスカート

布使いやファスナーで遊んでオリジナル度満点のロングスカート

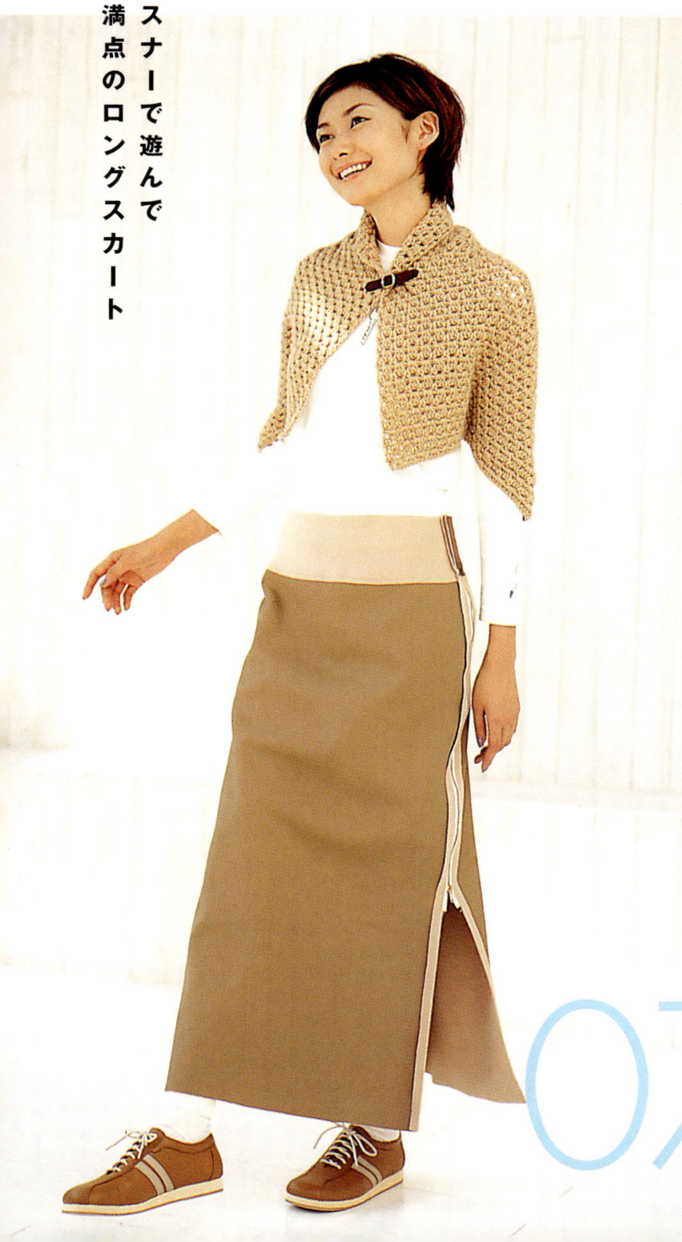

**フェイクレザーの
ロングスカート**

🔘🔘🔘 作り方→40ページ

左サイドにオープンファスナーをつけたユニークなロングスカートには、裁ちっぱなしで作れる合成皮革がマッチ。この作品は裏がフリース素材。ストレッチがきいてきれいにフィットします。ヨーク部分は裏面を使って個性的な味を。

型紙 A + B 型紙

おしゃれシーンに着られるジャケット
🔘🔘🔘 作り方→38ページ

ジャケットと聞くとむずかしそうだけど、そでやすその始末をロックミシンにした簡単仕立て。裏もつけないからソーイング1年生でもチャレンジできます。アクセントには太糸のハンドステッチを。リボンで結ぶボレロ風です。

08

お嬢さま風スタイルにおすすめスーツ。着こなし変化も自在

ハンドステッチのスカート
🔘🔘🔘 作り方→38ページ

ジャケットに合わせて、ヨーク切りかえに太糸のハンドステッチをあしらいました。スカート単独でも存在感十分です。ステッチが生きる無地がおすすめ。レトロなプリントブラウスとの相性もよく、コーディネートの幅が広がります。

09

型紙C バリエーションスカート

サイドのドローストリングで
今っぽくはけるロングスカート

**縦長ラインを強調する
フルレングス**

10

🔘🔘 作り方→44ページ

Cパターンの丈をグーンとのばしてフルレングスのスカートに。左右のひもをキュッと締めるドローストリングが、はきやすいラインを今っぽく見せて。リボンの色をその日のトップに合わせてかえると、おしゃれ度がますますアップ。

12

ボックスプリーツ風スカート

作り方→45ページ

前スカートのギャザー分をボックスプリーツのように仕立てたスカート。アクセントを兼ねたテープ使いでサイズ調整が自由自在。後はダーツ入りでヒップラインをきれいに見せます。厚手の布地を使ってもボリュームが出すぎません。

11

ウエストフリーのひもスカート

作り方→42ページ

前スカートのたっぷりしたギャザーの分量を右や左にまとめて個性的にはいたり、コードをカラフルなリボンにかえたりして、遊び心プラスの着こなしを楽しんでほしい。柄によって太って見えてしまうものがあるので布地選びは慎重に。

後すっきり前ゆったりのフレキシブルスタイルを3タイプ

折りたたみ式スカート
🔘🔘 作り方→41ページ
前のギャザー分をプリーツのようにたたんで、ウエストを共布のひもでキュッと締めれば、ラップ風スカートになります。後にはダーツがあり、筒状にぬっているから、ラップ式スカートをはくといつも気になる着くずれがありません。

13

D 型紙
台形のスカート

出番の多さお約束のシンプルAライン。丈のバリエも豊富

基本型のデイリースカート
🔘🔘 作り方→46ページ
さりげなく流行をとり入れたスカートはデイリーウエアとして重宝。少しすそ広がりで、ウエスト下ではくヒップハングだから、動きやすさとすっきりとしたシルエットが生まれます。いろいろなトップとコンビが組めるのも魅力の一つ。

14

スタンプ模様のスカート
🔘🔘 作り方→46ページ
真っ白なスカートの上から消しゴムスタンプで赤と青の丸をペタンと押してオリジナルの布にしました。ステンシル用のインクパッドを使えば簡単にできるので、イメージがふくらんできたらさっそく好きなプリント地を作ってみては。

15

コーディネートの幅を広げる大人テイストのロング丈も作ろう

16

**丈が決め手の
ロングスカート**

🔘🔘 **作り方→46ページ**

Dパターンの丈変化で、いろいろな着こなしができる台形ロングスカートに。延長する分ボリュームが出るので、基本型より落ち感のあるソフトな素材を選びたい。しなやかに体のラインに沿うシルエットが女らしさをアピールします。

D 型紙

どんな色のトップスともよく似合う
白の台形スカートを一枚は持っていたい

**着回し万能の
ひざ丈スカート**

🔘🔘 作り方→47ページ

ひざ丈の白いセミタイトは女の子らしいコーディネートには必需品。正統派シャツやラブリーカラーのトップスで、きれいに決めてみて。デニムのように、ほどよく張りのある素材を選ぶと、体型がカバーされスタイルよく見せてくれます。

ゴムギャザーの
きれいなスカート
🔘 作り方→48ページ

Dパターンの前スカートを応用して、ギャザーたっぷりのキュートなスカートにアレンジしました。簡単ゴムウエストでもシルエットはとてもきれいです。甘くなりすぎないよう、着こなしでひと工夫して。ソフト素材で作りましょう。

19

ギャザー分を加えただけで
シンプルな台形スカートも大変身

夏の花形スター、白のレースで
ロマンチックなロングスカートを

18

フリルつきスカート
🔘🔘 作り方→48ページ

すその切りかえがロマンチックな白いスカートは、タイトなシルエットをアレンジしたもの。すそにフェミニンなボリューム感が生まれて魅力的。清楚なレース地でちょっとカントリー調になりました。ペチコートも作ることをおすすめ。

E 型紙
ギャザースカート

ゴムギャザーの簡単スカート
※作り方→49ページ
ソーイング1年生の最初の一枚にぴったりの基本型ギャザースカート。ぬうのはもちろんのこと、前後共通パターンだから、型紙を作るのもらくらくです。ここではコーディネートの幅も抜群に広い、白のコーデュロイを使ってみました。

20

21
カジュアルなステッチスカート
※作り方→50ページ
形は左のスカートと全く同じなのに、わき、センター、すそにステッチをプラスするだけで、キリッと引き締まって、シルエットまで違って見えます。布地とステッチ糸のコンビネーションがポイント。流行の配色で、定番を旬にかえて。

カンタン、かわいい、ソーイング1年生にぴったり

型紙操作なしでも、素材の変化で
こんなにイメージチェンジ

リバーシブルスカート
🌼🌼 作り方→50ページ

22

花柄とデニムの二つの顔を持つリバーシブル地を、表も裏もはけるよう仕立てました。その日の気分でカジュアルに、キュートにと、2倍楽しめます。裏を表に折り返したその始末が、トリミングのように見えて、アクセントの役割を。

フォーマルにもカジュアルにも着られるおりこうスーツ

型紙Bの応用ジャケット
作り方→52ページ
清潔感のある白の別珍できちんと感のあるジャケットを手作り。スカートとのセットアップにしておくと、フォーマルなシーンにも対応できそう。別素材のワンピースに羽織ってもお似合い。シンプルだから、色柄変化はお好みしだい。

23

No.23と同素材のスカート
作り方→52ページ
スカート単独でも大活躍。どんな色のトップスとも仲よくできる白ならなおさらです。単純なデザインだから、ギャザーの分量を変えたり、丈をのばしたり、アレンジがいろいろ楽しめます。何枚か作ってワードローブを充実させよう。

24

すそにペチコートのレースがチラッと見えるよそゆきスカート

ペチコートつきスカート
作り方→51ページ
簡単ギャザースカートもおしゃれな布を使えばガラリと雰囲気が変わります。おめかし用に一枚仕上げたら、下にはくためにすそにレースをあしらったペチコートにトライ。ほかのスカートにも活用できるので、ぜひ作っておきたい。

25

真っ白な木綿、フリル、レース・・・・・ロマンチックムード全開です

**ロング丈の
ティアードスカート**
作り方→53ページ

26

思いっきり女の子っぽくしたいならティアードスカート。長さはくるぶしまでの超ロングに。基本のスカートに、フリルの布をプラスしただけで完成。アンダースカートのすそにレースをつければ、もう1段上のスイートがちらりと。

型紙 **F**
タイトスカート

スーツ感覚にも着こなせる正統感が魅力。ミニでもひざ丈でもぜひほしい

27
超ミニのタイトスカート
作り方→54ページ

やっぱり一枚はほしいのがミニタイト。見た目は本格的で手ごわそうだけど、ソーイング1年生用のプロセスがあるから安心。さっそくトライして。デイリースタイルにはコーディネートのしやすいベーシックカラーがおすすめです。

便利な黒のタイトスカート
🔴🔴 作り方→53ページ

大人テイストのスリット入りひざ丈タイトも同じ型紙で。今注目の素材、黒の合成皮革にもマッチします。布端がほつれにくい特性を生かし、すそは切りっぱなしにしても。手間がはぶけるうえ、よりハードな感じに仕上がってすてき。

28

ダーツシェイプのコンパクトシルエットがスタイルよく見せます

型紙 F

29 らくらくゴムウエストタイト
● 作り方→56ページ

ストレッチデニムにステッチをピシッときかせた、カジュアルなひざ丈スカート。両サイドに長めのスリットを入れて、足さばきも軽やかです。めんどうなダーツを簡単なゴムウエストにアレンジして、ぬうのもはくのもらくらくです。

両わきスリット入りのロングスカートはリボンテープでシルクロードの香りを

フリータイム、フリースタイル、着回し度バツグン！

30 スリット入りロングタイト
● 作り方→56ページ

インパクトのある鮮やかな民族調のテープをサイドにつけた、個性的なロングタイト。両わきに入れたグーンと深いスリットも手伝って、エスニックな雰囲気が漂います。ひもでサイズ調節ができる、フリーウエストがはきやすさの秘訣。

型紙なしで簡単に作るスカート

ティアードスカートで流行のフォークロアスタイルに

31 ラブリーティアード
作り方→57ページ

3段にギャザーを重ねたふわふわラインのティアード。ガーゼなど軽い素材を使うとシルエットがきれい。懐かしくて新しいフォークロアスタイルの完成です。長方形だけの組み合わせだから、布地を変えたり、ギャザーを増減したり。

ギンガムチェックと小花柄のミックスでラブリーなスカートに

配色で決まる シンプルスカート
🌸 作り方→58ページ

ギンガムチェックと小花柄を交互にぬい合わせた4枚はぎのギャザースカート。まっすぐぬってウエストにゴムを通すだけの、とびっきり簡単ソーイング。前後も中央もないから、くるくると回せば、いろんな着こなしが楽しめます。

32

ひも使いのラップスカート
🌸 作り方→59ページ

相性バツグンのギンガムチェックと花柄を使ったラブリーなラップスカート。布幅いっぱいの柄違いの長方形を2枚はぎ合わせ、ウエストに通したリボンを前で結ぶだけ。残った布を籐のバッグにつければ簡単におそろいバッグが完成。

33

お気に入りの小花柄で直線裁ちの手軽スカート

ラップ風ロングタイト
🌸 作り方→57ページ
前後スカートともにまっすぐ裁ち、サイドと上下をぬうだけのロングスカート。ウエストわきにつけた共布リボンがサイズ調整の役割。くしゅっと布を寄せて結ぶと自然なギャザーができて、ふんわりシルエットに。薄手素材を選びたい。

34

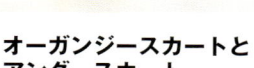

**オーガンジースカートと
アンダースカート**

🔘🔘 作り方→61ページ

少しレベルアップしたら、製図して型紙を作ってみましょう。細いタックを前に数本入れて、直線フォルムにやさしい動きをつけました。透ける素材はアンダースカートもデザインの一部として考えます。深いスリットが動きやすさを。

透ける素材も意外とスイスイぬえます

テーブルセンターだなんて気づかないでしょ

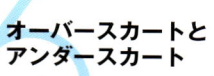

**オーバースカートと
アンダースカート**

🔘 作り方→60ページ

ここでも白いアンダースカートが登場。今度はレースあみのすてきなオーバースカートをプラス。これ、実は雑貨屋さんで1枚数百円で売っているテーブルセンターなんです。2枚の両サイドにリボンを止めるだけででき上がりです。

チューブトップ 37
🔘 作り方→58ページ

ストレッチ性のある輪あみのリブニットで、カットソーに仕上げたチューブトップ。黒いシフォンを重ねてぬえば、ぴったりした体のラインを目立たなく、すっぽりカバー。この夏はセクシースタイルに思いきってチャレンジできそう。

遊び心いっぱいの透ける服を着こなして

シフォンのオーバースカート 38
🔘🔘 作り方→58ページ

スカートオンスカートなら、シフォンを使って透け感を楽しむのもステキ。すそにビーズをつけてアクセントをきかせた、型紙なしの簡単直線裁ち。アンダースカートは1枚あると重ね着に幅が広がるので、ぜひ製図からチャレンジを。

オーバースカートつき スカート

🔘 作り方→60ページ

直線裁ちの簡単スカートと、エプロン風のデニムスカートを重ねて、キュートなアジアンスタイル完成。オーバースカートは、いろんなスカートと組み合わせができるので、コーディネートのアレンジを楽しんで。アンダーは単品でもすてき。

エプロン風スカートとの簡単重ね着で今日の気分はアジアンカントリー

39

異素材プラスで、どこにもない〝手作りの一枚〟をアピール

ボーダープラスのスカート
作り方→63ページ
質感や色みの違う2種の布地を合わせて、元気いっぱいのスカートに。縦に入った白いラインはデニムの布耳で、ファスナー風のアクセント効果に。すそにはマルチカラーのラッセルレースをつけました。残った布でマフラーを作って。

40

前後共用の
ツーウエイスカート
作り方→62ページ
ジャカードニットとフリースを前後に使ったスカートは、どちらを前にしてもOK。雰囲気の違う二つの布が意外にマッチして、トラッドスタイルに似合うかわいい一枚になりました。2種の布選びは同系色を合わせると失敗しません。

41

スカートとおそろいの
パッチをつける簡単リメイク

エプロン風の
オーバースカート
🔘 作り方→62ページ

ギャルソン風のロング丈のオーバースカートで、パンツスタイルを新鮮に。前で結んでラップ風、後で結んでエプロン風と着こなしのバリエーションも豊富。長方形をまっすぐぬうだけの簡単アイテムは型紙いらずのじか裁ちソーイング。

小花のオーバースカート
🔘 作り方→63ページ

小花柄で旬のひざ丈オーバースカートを作ったら、残りの布はトレーナーのエルボーパッチとして利用。上下おそろいの布地が、かわいさの引き立て役に。残り布とちょっとした工夫で、手作りらしいオリジナルの味をアピールしたい。

42

長めのオーバースカートで
パンツスタイルに新しさを加えてみよう

43

型紙の使い方

付録の実物大型紙を使うから簡単！

この本にのっている作品の大半が、付録の実物大型紙を使って作ることができます。そこで、実物大型紙の使い方と実際に型紙を作る方法をくわしく解説しましょう。

この本の実物大型紙について

●6種類の実物大型紙がついています

A ヨーク切りかえのスカート、**B** ノーカラージャケット、**C** バリエーションスカート、**D** 台形のスカート、**E** ギャザースカート、**F** タイトスカートが入っています。作りたい作品がどの型紙を使っているのかを作り方ページで確認し、型紙の作り方を参照しながら型紙を作りましょう。

●M、L、LLの3サイズ展開

この本の実物大型紙はM、L、LLの3サイズ展開です。下のサイズ表を参考にして、使用する型紙のサイズを選んでください。

サイズ表(ヌード寸法)

	M	L	LL
バスト	80	86	92
ウエスト	60	66	72
ヒップ	88	94	100

「型紙の作り方」の図の見方

この本に出ている「型紙の作り方」の図は、右のようなルールで作っています。細破線の部分が、とじ込み付録の実物大型紙にあたる部分です。型紙をもとに、のばす線や短くする線が指示されていますので、ルールをのみ込んでください。右の図や数字は架空のもので、実際の作品とは関係ありません。

用尺と裁ち方図はMを基準にしています。

型紙を作ろう！

1 付録の実物大型紙をはずします

付録の実物大型紙は巻末に糊づけしてあります。破らないようにはずしてください。

2 必要な線をマークします

作り方ページで使用する型紙を確認し、写すときにまちがえないよう、その型紙の線をラインマーカーなどでなぞります。前スカート、後スカートなど、パーツごとに色を変えるとわかりやすいでしょう。

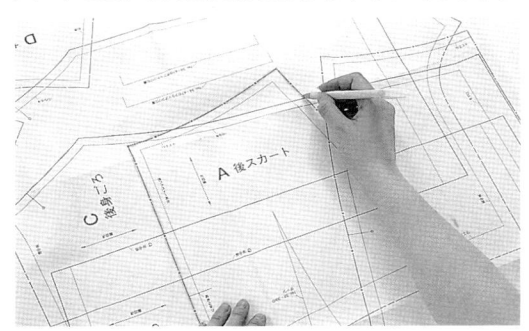

3 別の紙に写します

型紙は別の紙に写しとって使います。型紙の上に薄く透ける紙をおいて、サイズをまちがえないように写します。合いじるしやダーツ、布目線も忘れずに。**A**前スカートなど名称を書き込んでおくと便利です。

4 ぬいしろをつけて切り抜きます

型紙の作り方に沿ってぬいしろ線を書き込みます。応用の場合はデザインに合わせて型紙を直してから、ぬいしろ線を入れます。でき上がったら、ぬいしろ線をカッターかはさみで切り抜きます。

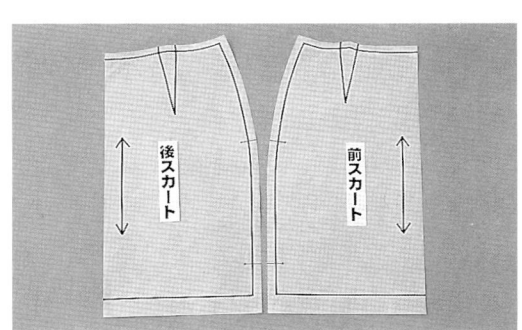

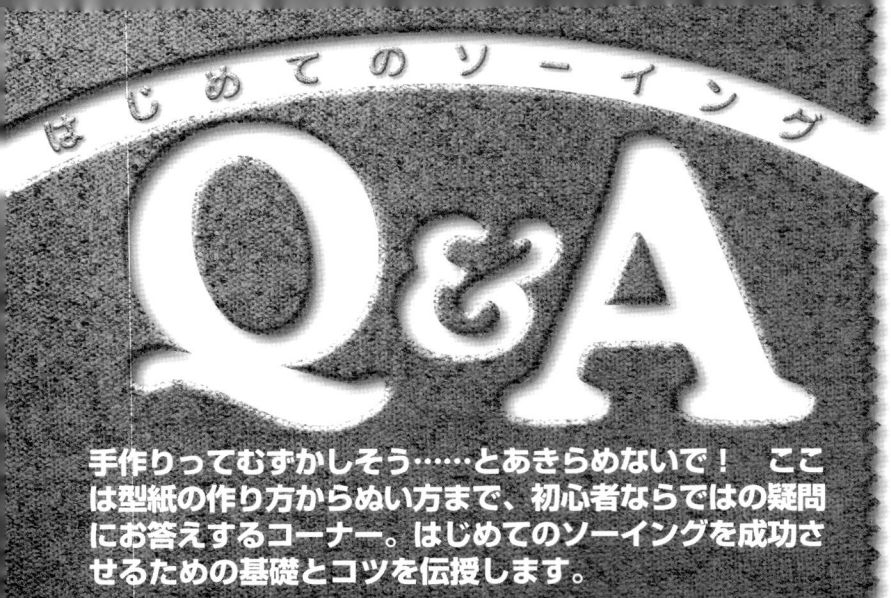

はじめてのソーイング Q&A

手作りってむずかしそう……とあきらめないで！ ここは型紙の作り方からぬい方まで、初心者ならではの疑問にお答えするコーナー。はじめてのソーイングを成功させるための基礎とコツを伝授します。

 **裁ち方の基本を教えて！**

 大きな型紙からおいていくのがコツ。

①裁ち方図があるものは、裁ち方図のとおりに型紙をおいて裁断します。布地幅が違ったり、裁ち方図のないものは、まず、いちばん大きな型紙からおいていくのがコツ。
②輪で裁つものは布地を二つ折りにして折り山を輪の線に合わせます。布目線は布地の耳と平行になるように合わせます。
③型紙を待ち針で布地に止めます。
④すべての型紙が入ることを確認してから裁断します。

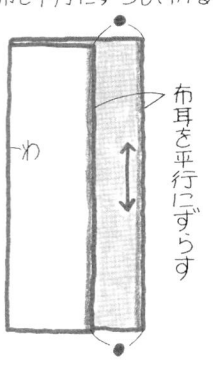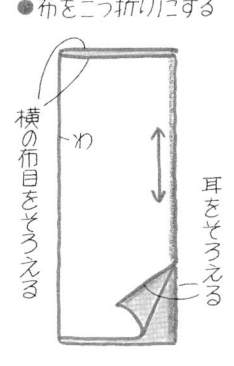

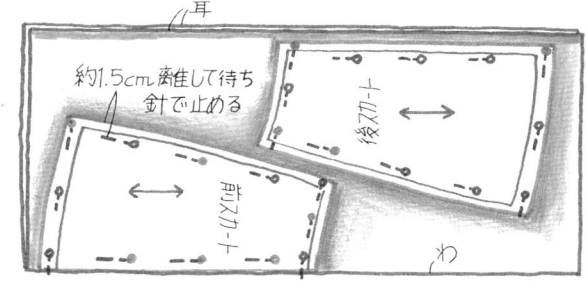

 **合いじるしはどうやってつけるの？**

 チャコペーパーやチャコペンのほか、切り込みを入れる方法も。

チャコペーパーやチャコペンを使って型紙から写す方法のほかに、ぬいしろに切り込みを入れる方法もあります。この切り込みを「ノッチ」といいます。チャコペーパーやチャコペンなどでしるしをつけにくい布地の場合は、合いじるしやあき止まりのほか、ぬいしろの幅がわかるようにノッチを入れることもあります。切り込みは布端から5mmくらい入れます。

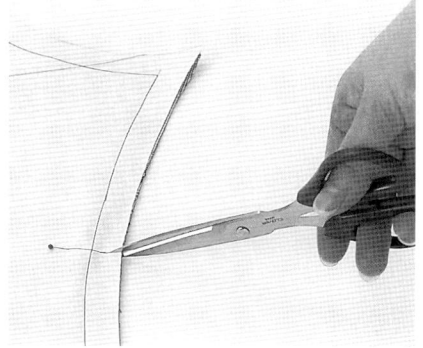

 **サイズやシルエットを変えたいときは？**

 型紙の幅や長さを増減します。

体型や布地に合わせてサイズやシルエットを変えたいときは、増減したい寸法に合わせて図のように型紙の線を引き直します。わきあきのスカートなどは、前後中央で寸法の増減をします。

はじめてのソーイングなら、布地にでき上がり線を写し、その線のとおりにぬっていくと安心ですね。布地の表が外側にくるよう合わせて（外表）裁断し、布地の間に両面チャコペーパーをはさんで、ルレットででき上がり線の上をなぞって写します。

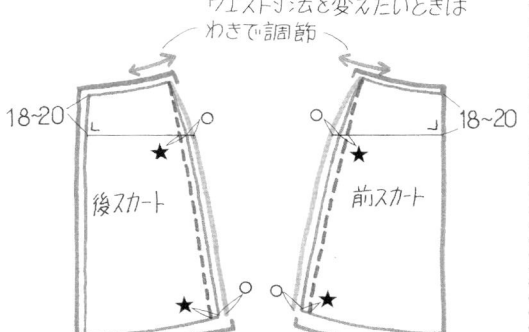

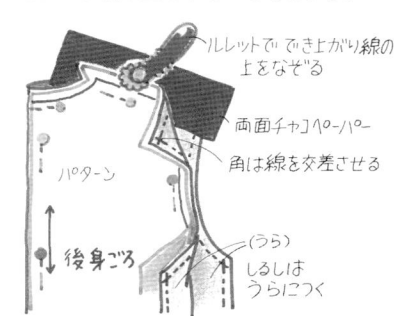

実物大型紙がない作品はどうやって型紙を作るの？

製図をして実物大型紙を作ります。

実物大型紙がついていない作品は、作り方ページの製図の寸法どおりに線を引いて型紙を作ります。ここでは、P.60のアンダースカートの製図でレッスンしましょう。製図のコツは、まず外側に書いてある縦横の長い線を先に引いてからでき上がり線を引いていき、最後に指定のぬいしろを書き入れ、この線を切って使います。

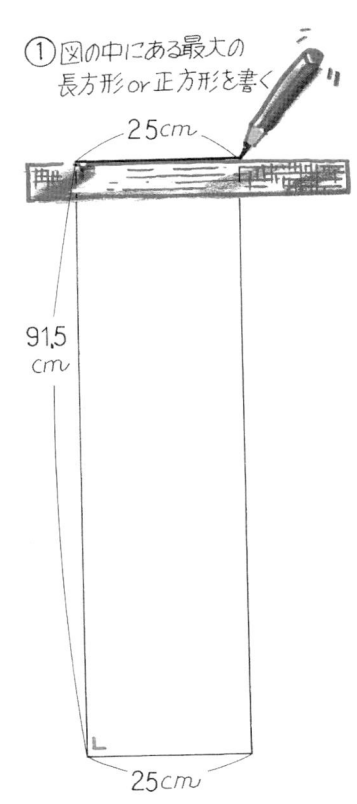

①図の中にある最大の長方形or正方形を書く

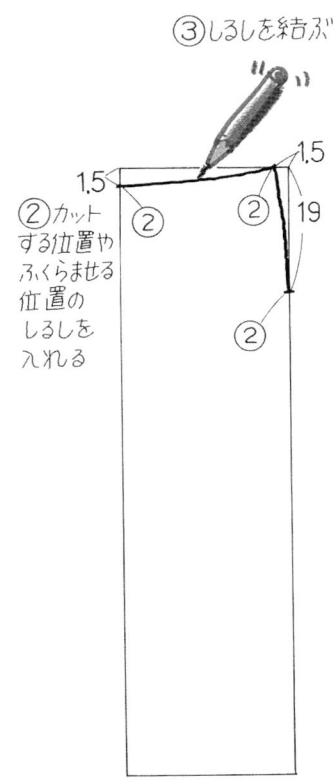

②カットする位置やふくらませる位置のしるしを入れる
③しるしを結ぶ

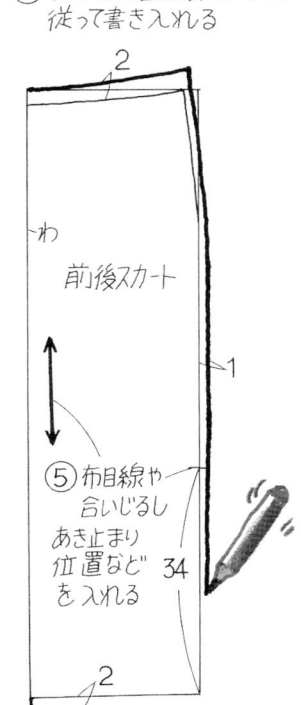

④ぬいしろ幅を指定の寸法に従って書き入れる
⑤布目線や合いじるしあき止まり位置などを入れる

一枚あればすごく便利!!
黒のペチコート

スカートに裏地をつけるのはたいへんだけど、実物大型紙を利用してペチコートを作れば簡単！ 特にフリースは、のびて型くずれしやすいので、下にペチコートをはいたほうがいい。

材料
裏地90cm幅×1.4m、1.2cm幅のゴムテープを70cm

型紙の作り方
E 前後スカートの型紙の内側にウエストは3cm、すそは2cmのぬいしろをとる。わきぬいしろは外側に1.5cmつける。

作り方順序
①アイロンでウエストは1.5cm幅、すそは1cm幅の三つ折りにして、折り目をつけておく。
②わきをぬう。ぬいしろは2枚いっしょにジグザグミシンをかけて片側に倒す。
③すその三つ折りをミシンで止める。
④ウエストの三つ折りをミシンで押さえるが、ゴム通し口を2cmぐらい残しておく。
⑤ウエストにゴムを通す。ゴムの長さはウエスト寸法の1割減を目安にかげんを。

[型紙の作り方] 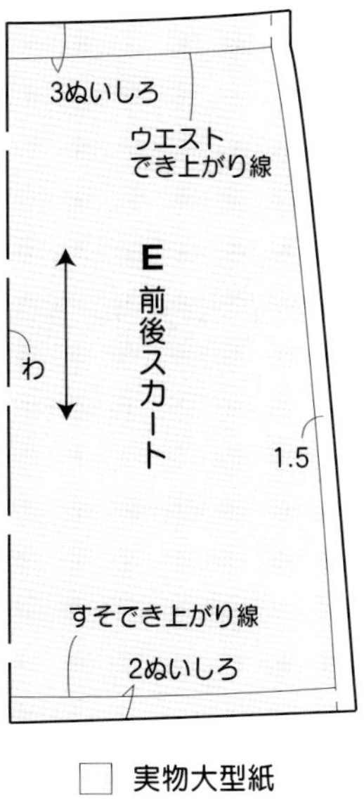
[ウエストの折り方] 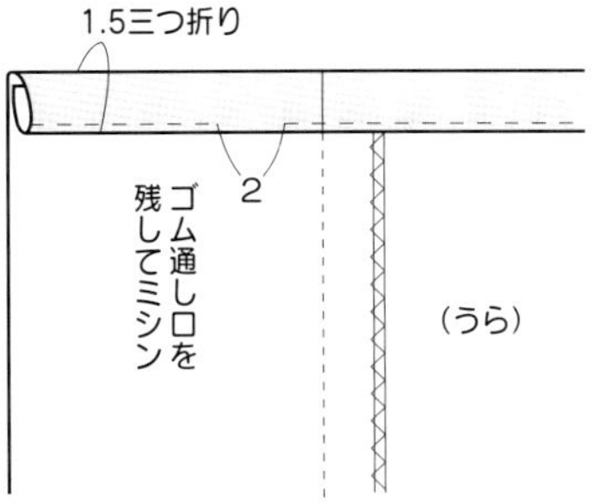
[でき上がり]

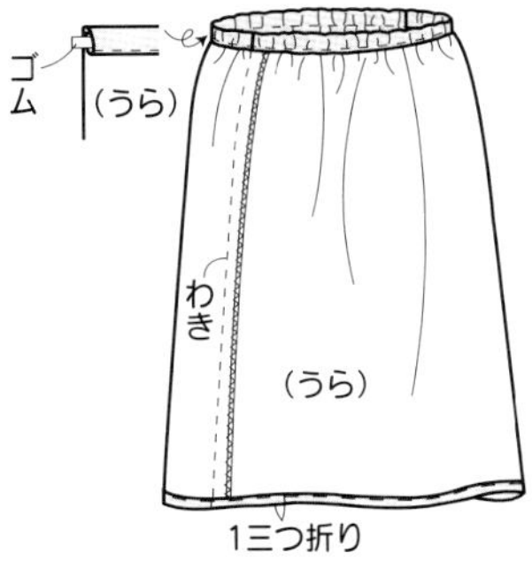

掲載作品の作り方

P.7 型紙 A NO.04

材料
デニム150cm幅×60cm（135cm幅の場合は80cm）、小花プリント地40cm×50cm、22cmのコンシールファスナー1本、接着しん40cm×50cm、1.5cm幅のび止めテープ

型紙の作り方
A 後スカート・A 前スカート・A 前後ヨークの3枚を使う。

裁ち方のポイント
● ヨーク見返しは小花プリントなどの別布を使い、ヨーク型紙で、横地に裁つ。
● 布幅が150cm以上ある場合は、下の図のようにヨークを横地に裁つと、用尺が60cmで足りる。

作り方のポイント
● P.5からのレッスンを参照。
● 見返しには接着しんをはる。薄地なので、端をでき上がりに折って、ヨークのぬいしろにまつりつけてもよい。
● ファスナーつけ部分のぬいしろにはのび止めテープをはる。

【型紙の作り方】
【でき上がりと作り方手順】
【裁ち方図】

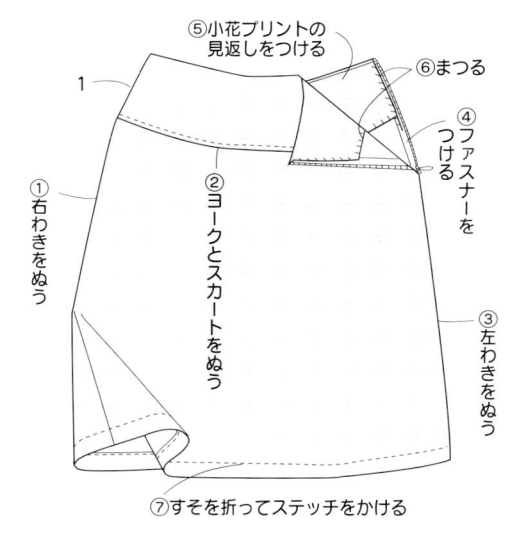

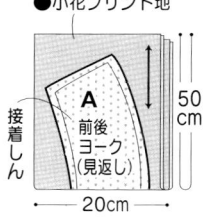

P.7 型紙 B NO.03

材料
デニム136cm幅×1.2m（112cm幅の場合は1.3m）、木綿の小花プリント110cm×60cm、接着しん90cm×60cm

型紙の作り方
B 後身ごろ・B 前身ごろ・B そで・B ポケットの4枚を使う。見返しは図のように作っておく。

裁ち方のポイント
● 前後身ごろ、そで、ポケットをデニム、各見返しは小花プリントで裁つ。

● 残り布でおそろいのコサージュや帽子、バッグを作るとよい。

作り方のポイント
● プリントとデニムで全く同じジャケットを作り、ぬい合わせてリバーシブル仕立てにしてもよい。
● ステッチはデニムの紺とコントラストのある茶色の糸でかけるため目立つので、押さえ金の幅やすべり板のガイド線を利用すると、ステッチ幅がそろってきれいに仕上がる。

【でき上がりと作り方手順】

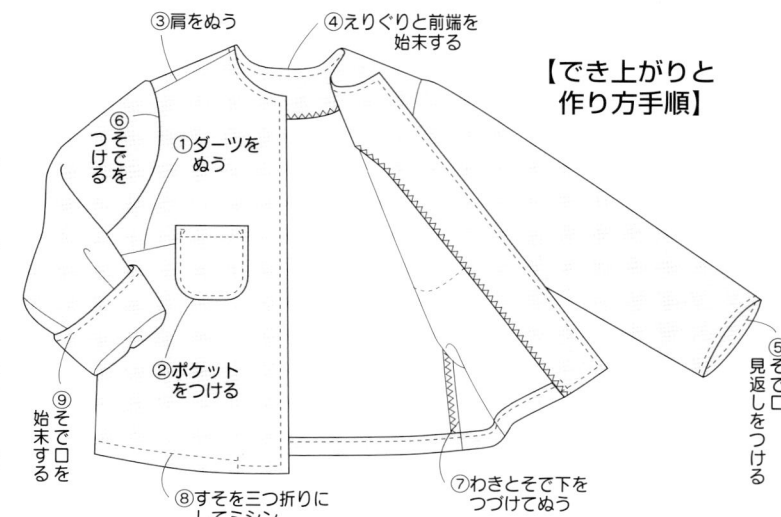

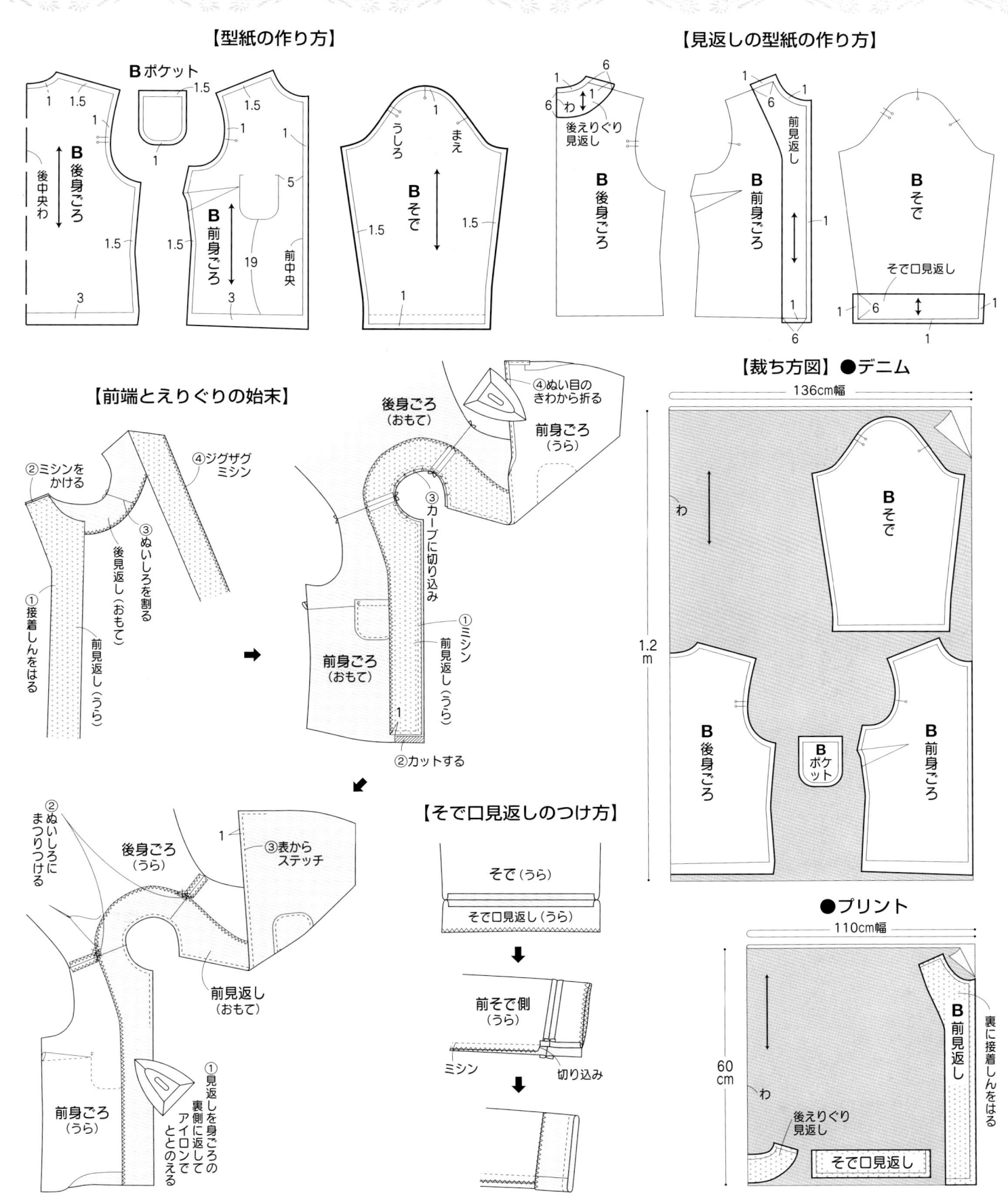

【型紙の作り方】

Bポケット

B 後身ごろ / B 前身ごろ / B そで

- 後中央わ / 前中央
- うしろ / まえ
- 1, 1.5, 3, 5, 19 など

【見返しの型紙の作り方】

- 後えりぐり見返し
- 前見返し
- B 後身ごろ / B 前身ごろ / B そで
- そで口見返し
- わ
- 1, 6 など

【前端とえりぐりの始末】

① 接着しんをはる
② ミシンをかける
③ ぬいしろを割る
④ ジグザグミシン

- 後見返し（おもて）
- 前見返し（うら）

→

- 後身ごろ（おもて）
- 前身ごろ（うら）
- ① ミシン
- ② カットする
- ③ カーブに切り込み
- ④ ぬい目のきわから折る
- 前見返し（うら）
- 1

↓

- ② ぬいしろにまつりつける
- ③ 表からステッチ
- 後身ごろ（うら）
- 前見返し（おもて）
- 前身ごろ（うら）
- ① 見返しを身ごろの裏側に返してアイロンでととのえる

【そで口見返しのつけ方】

- そで（うら）
- そで口見返し（うら）
- ミシン
- 切り込み
- 前そで側（うら）

【裁ち方図】 ●デニム

136cm幅 / 1.2m

- わ
- B そで
- B 後身ごろ / B 前身ごろ
- B ポケット

●プリント

110cm幅 / 60cm

- わ
- B 前見返し
- 裏に接着しんをはる
- 後えりぐり見返し
- そで口見返し

P.10 型紙 A — NO.09

材料
ウールモッサ148cm幅×55cm、22cmのコンシールファスナー1本、1.8cm幅バイアステープ、1.5cm幅のび止めテープ、刺しゅう糸少々

型紙の作り方
A 後スカート・A 前スカート・A 前後ヨークの3枚を使う。

裁ち方のポイント
● 毛並みのあるウールの場合は同じ方向で裁つ。

作り方のポイント
● P.5からのレッスンを参照。
● ヨークのウエスト、下端、スカートの上端、ファスナーのつけ部分のぬいしろにのび止めテープをはる。
● ヨークつけのぬいしろは割り、ハンドステッチで押さえる。
● すそはジグザグミシン、またはロックミシンをかけ、二つ折りにしてまつる。

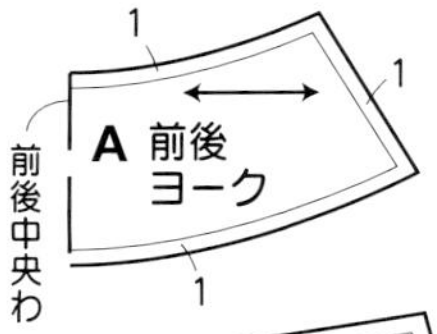

【型紙の作り方】

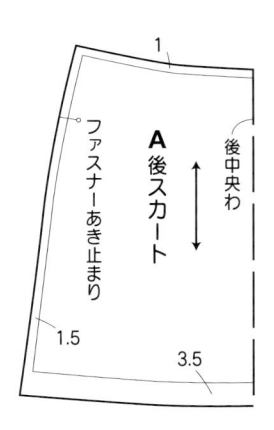

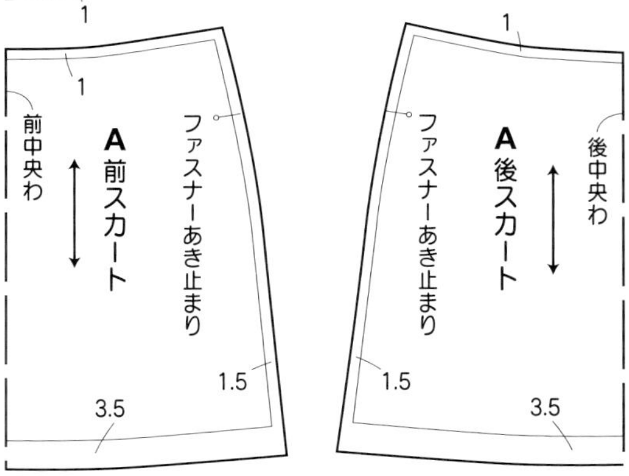

【裁ち方図】

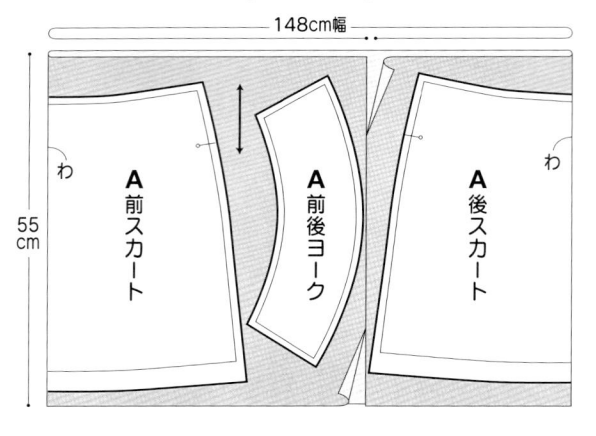

【でき上がりと作り方手順】
① 右わきをぬう
② ヨーク布とスカート布をはぎ合わせて割る
③ 左わきをぬう
④ ファスナーをつける
⑤ 上端にバイアステープをつけてウエストを始末する
⑥ すそを二つ折りにしてまつる
⑦ 切りかえ線の上下に刺しゅう糸で飾りのステッチを入れる

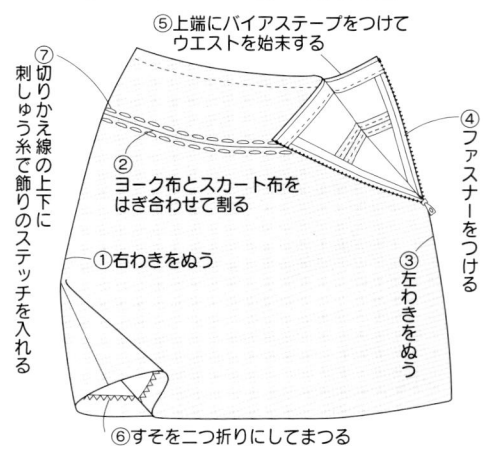

P.10 型紙 B — NO.08

材料
ウールモッサ148cm幅×1.4m、接着しん10cm×50cm、刺しゅう糸少々

型紙の作り方
B 後身ごろ・B 前身ごろ・B そでの3枚を使う。前後身ごろのすそとえりぐりのぬいしろはつけない。そでは図のようにカットし、そで口ぬいしろはつけない。

裁ち方のポイント
● えりぐりの縁とり布は布の耳の部分を利用して1枚裁つ。
● フェルト状のウールなのでほつれにくいため、前後身ごろのすそとそで口、縁とり布にはぬいしろをつけないが、普通のウールの場合はぬいしろをつけたほうがよい。

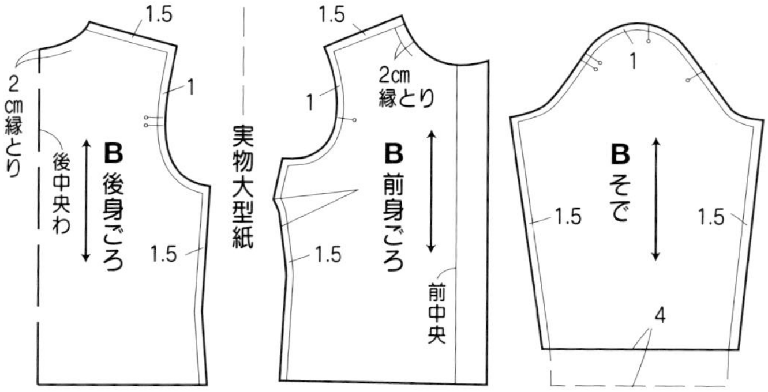

作り方のポイント
● 縁とり布以外はぬいしろのすべてにジグザグミシン、またはロックミシンをかけておく。そで口とすそにもかけておく。
● 見返しには接着しんをはる。
● ダーツは上側に倒して、ぬい目の上下に刺しゅう糸でハンドステッチをする。
● えりぐりの縁とり布にハンドステッチをする。

【型紙の作り方】

【裁ち方図】

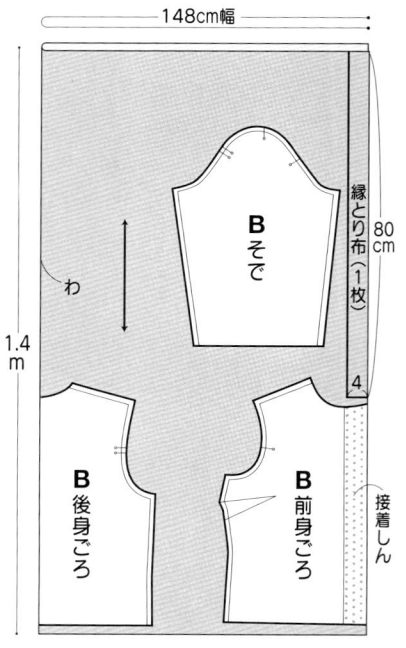

P.8 A NO.05

【型紙の作り方】
A 前後ヨーク（見返しも共通）
A 前スカート
A 後スカート
実物大型紙

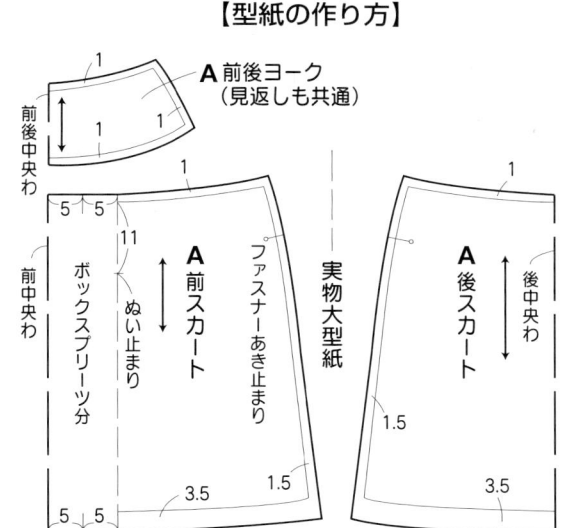

【裁ち方図】
145cm幅
A 前スカート
A 後スカート
A 前後ヨーク
A 前後ヨーク（見返し）
接着しん
1m

材料
ツイード145cm幅×1m、22cmのコンシールファスナー1本、接着しん40cm×50cm、1.5cm幅ののび止めテープ

型紙の作り方
A 後スカート・A 前スカート・A 前後ヨークの3枚を使う。スカートはプリーツ分10cm出す。

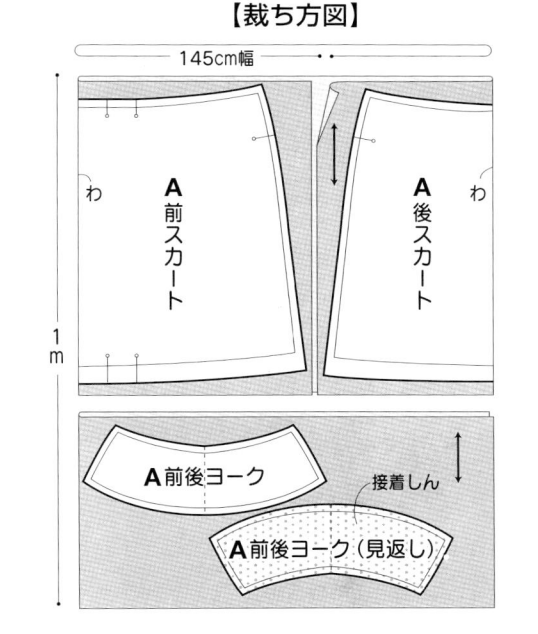

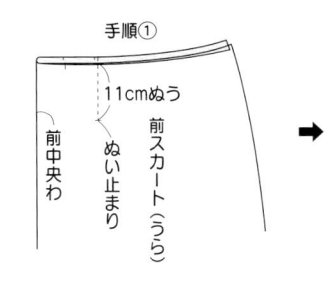

作り方のポイント
- P.5からのレッスンを参照。
- 前スカート中央にプリーツをたたんでステッチで押さえる。
- ヨーク見返しには接着しんをはり、スカートのファスナーつけ部分のぬいしろにのび止めテープをはる。
- すそは三つ折りにしてステッチをかける。

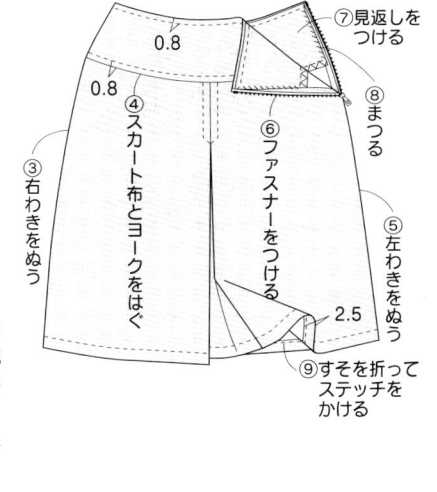

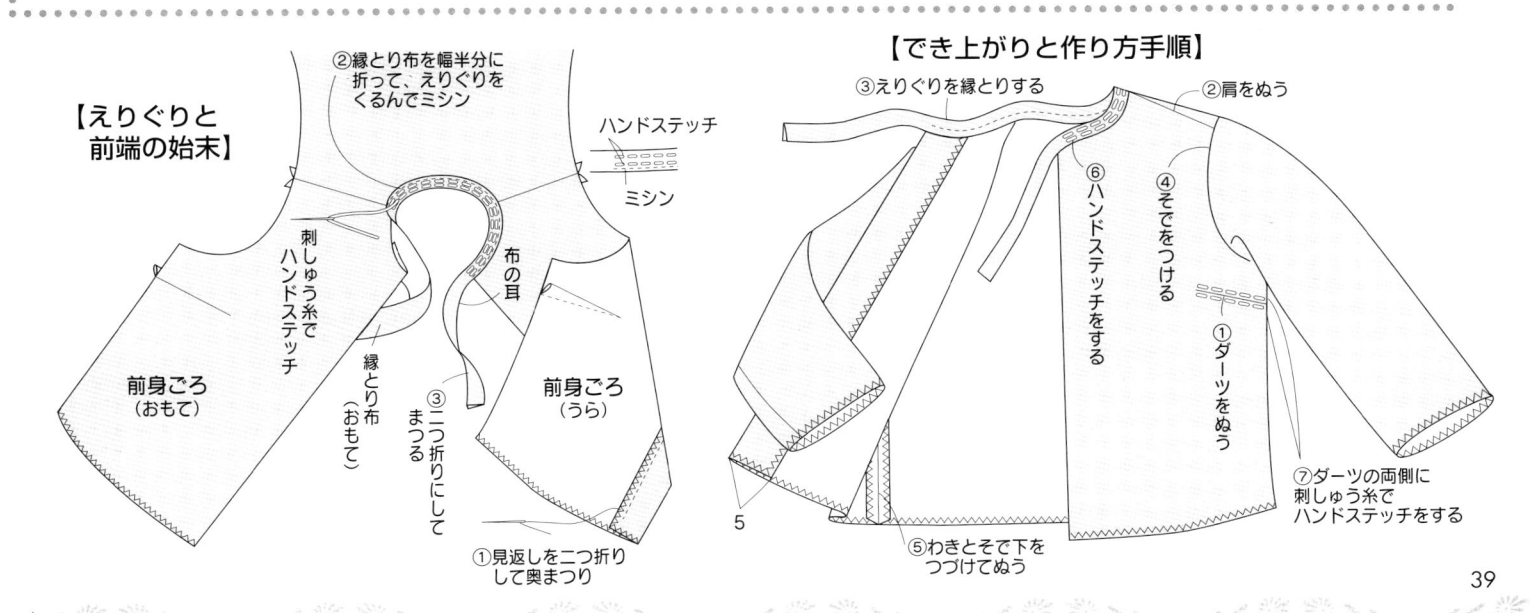

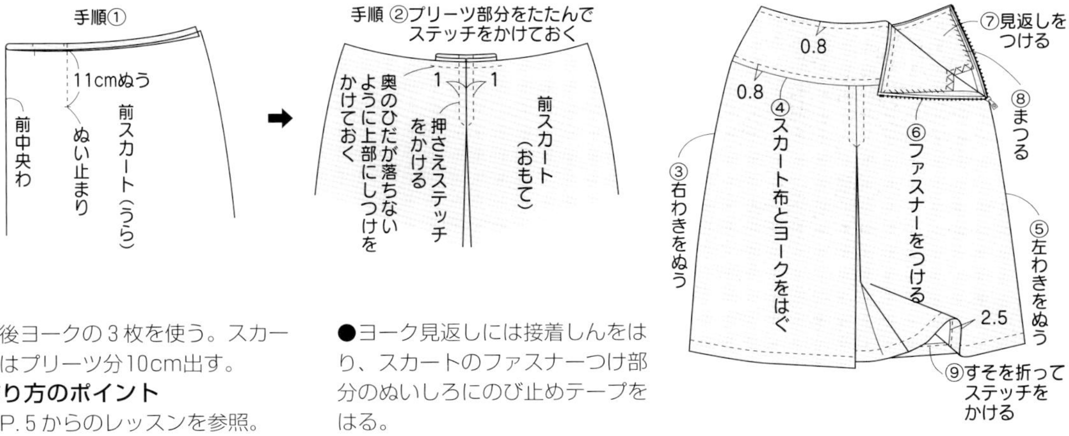

【でき上がりと作り方手順】
手順① 11cmぬう　ぬい止まり　前スカート（うら）
手順② プリーツ部分をたたんでステッチをかけておく　押さえステッチをかける　奥のひだが落ちないように上部にしつけをかけておく　前スカート（おもて）

①右わきをぬう
②スカート布とヨークをはぐ
③ファスナーをつける
④左わきをぬう
⑤見返しをつける
⑥まつる
⑦すそを折ってステッチをかける

【えりぐりと前端の始末】
①縁とり布を幅半分に折って、えりぐりをくるんでミシン
②刺しゅう糸でハンドステッチ
③三つ折りにしてまつる
ハンドステッチ
ミシン
前身ごろ（おもて）
縁とり布
布の耳
前身ごろ（うら）
①見返しを二つ折りして奥まつり

【でき上がりと作り方手順】
①ダーツをぬう
②肩をぬう
③えりぐりを縁とりする
④ハンドステッチをする
⑤わきとそで下をつづけてぬう
⑥そでをつける
⑦ダーツの両側に刺しゅう糸でハンドステッチをする

P.9 型紙 A NO.07

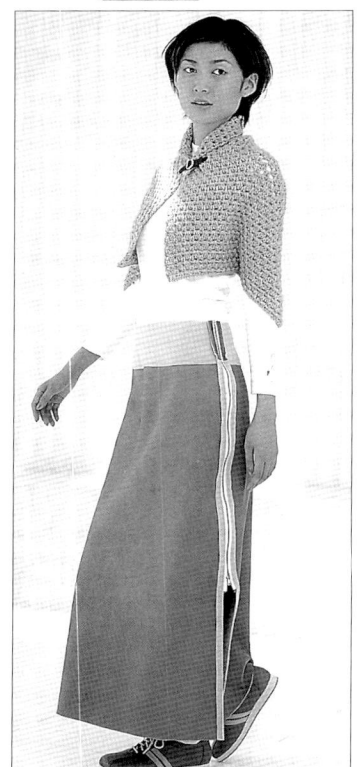

材料
フリースに合成皮革加工したツーフェイス135cm幅×1.2m、60cmのオープンファスナー1本

型紙の作り方
A 後スカート・A 前スカート・A 前後ヨークの3枚を使う。スカートは33cmのばして使う。

裁ち方のポイント
●すそとヨークの上下端はぬいしろなしで裁つ。

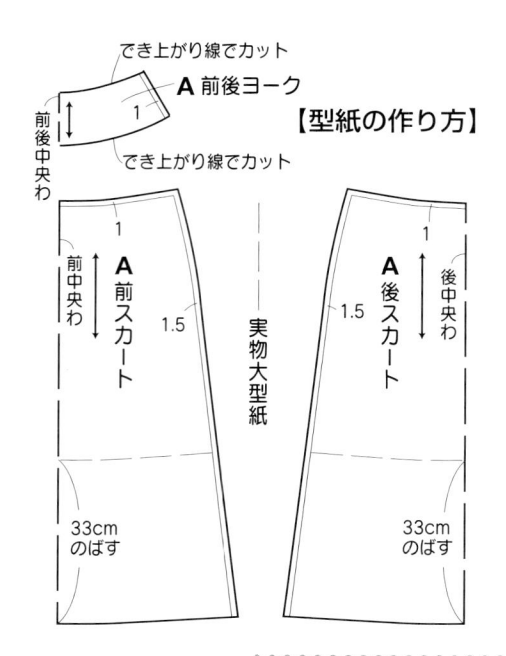

作り方のポイント
●ヨークはフリース側を表にして使い、スカートのでき上がり線に重ねてダブルステッチでつける。
●左わきはぬいしろを表に折って、裏からファスナーを当て、ステッチで押さえる。
●右わきは後スカートぬいしろを表に折って、前スカートに重ね、ステッチで押さえる。

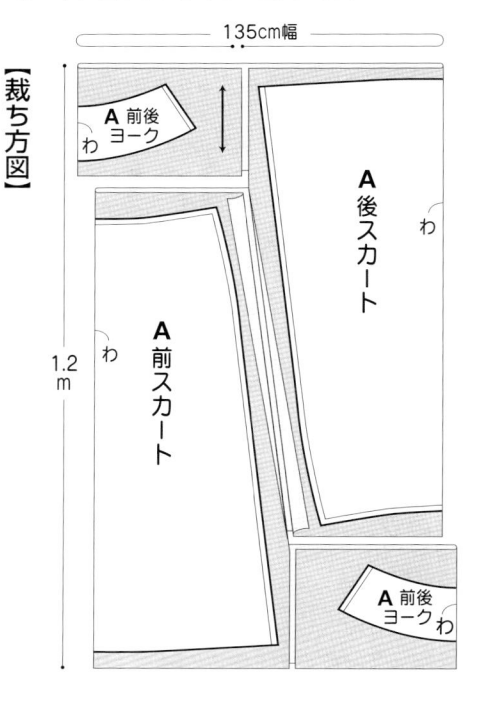

【型紙の作り方】

【裁ち方図】 135cm幅 × 1.2m

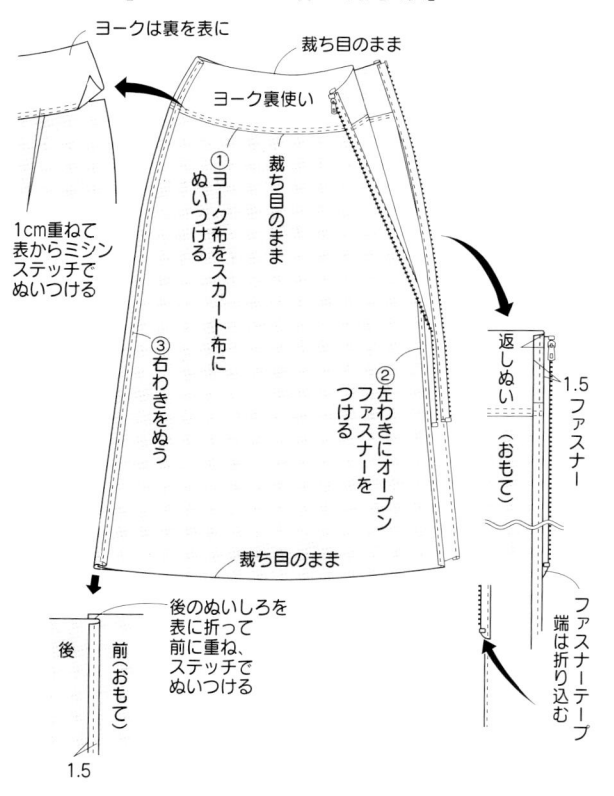

【でき上がりと作り方手順】
①ヨーク布をスカート布にぬいつける
②左わきにオープンファスナーをつける
③右わきをぬう

P.9 型紙 A NO.06

材料
刺しゅう入りコットン112cm幅×1.6m、22cmのコンシールファスナー1本、接着しん40cm×50cm、1.5cm幅のび止めテープ

型紙の作り方
A 後スカート・A 前スカート・A 前後ヨークの3枚を使う。スカートの前後中央にギャザー分10cmをとる。丈は20cmのばす。

裁ち方のポイント
●スカート丈はわき線をそのままのばして裁つ。

作り方のポイント
●P.5からのレッスンを参照。
●ヨークとスカートをはぎ合わせる部分はそれぞれ4等分して合いじるしを入れておく。こうすると、ギャザーを均等に寄せることができる。
●ヨーク見返しは端を折ってまつってもよい。
●わきのぬいしろは2枚合わせてジグザグミシンをかける。

P.13 C — NO.13

【でき上がりと作り方手順】

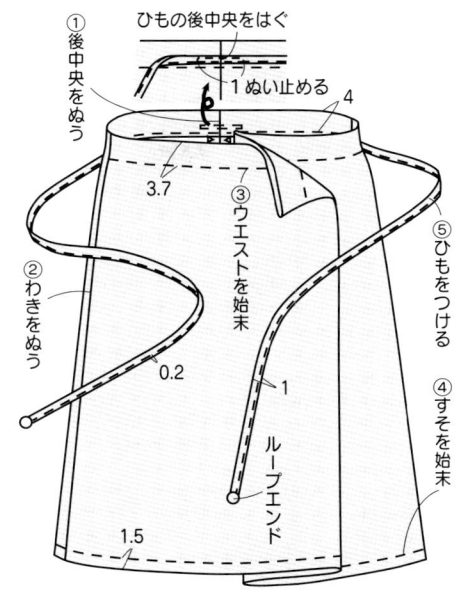

【型紙の作り方】

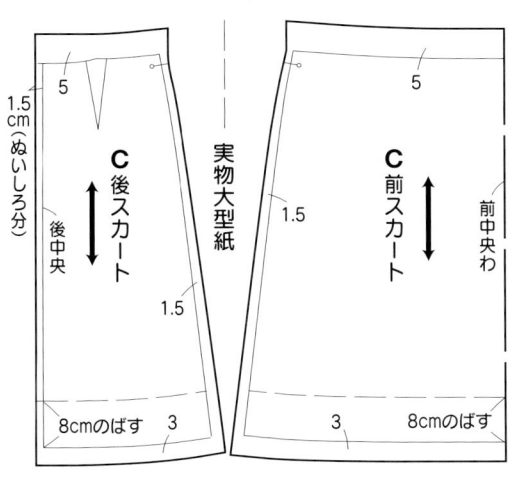

【裁ち方図】

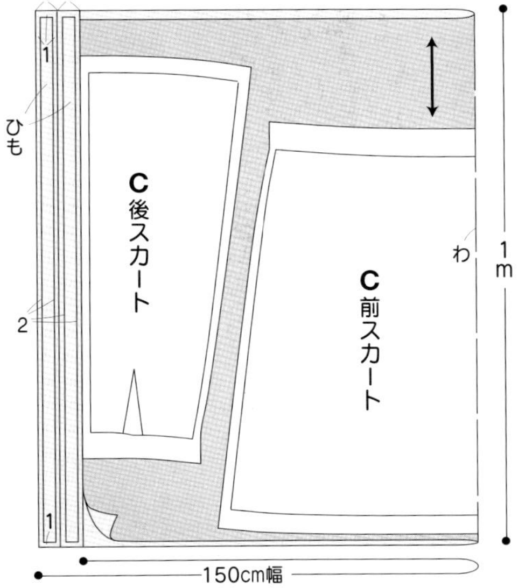

材料
レーヨンのデニム150cm幅×1m、ループエンド2個

型紙の作り方
C 後スカート・C 前スカートの2枚を使う。後中央で1.5cmカット。スカート丈は8cmのばす。

裁ち方のポイント
● 布幅はひも分をずらして二つ折りにし、前スカートと後スカートを差し込んで裁つ。

作り方のポイント
● でき上がりが1cm幅になるように98cm丈のひもを2本作る。
● 後中央にひもをつける。
● はくときは、スカートに体を入れ、余った布地を折りたたんでひもを結ぶ。

【裁ち方図】

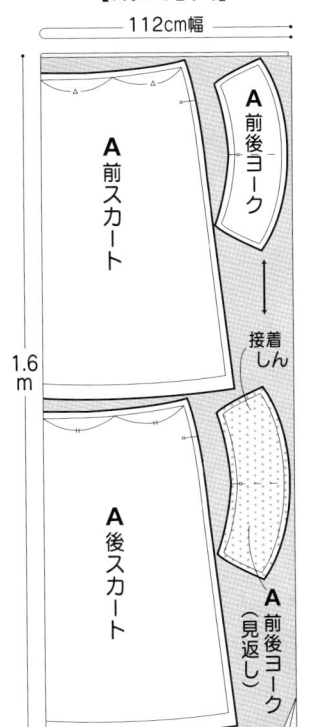

【型紙の作り方】

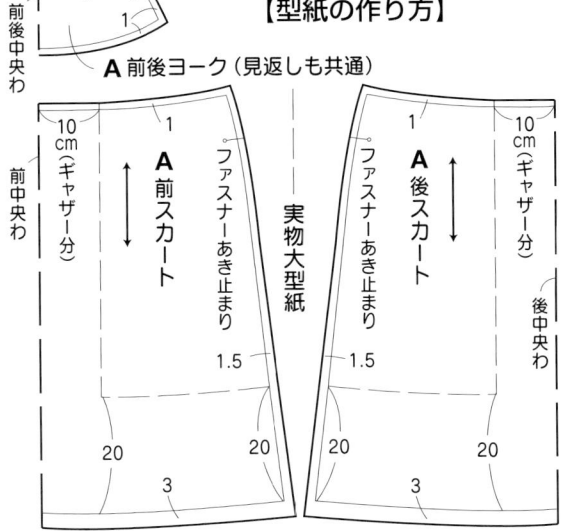

【でき上がりと作り方手順】

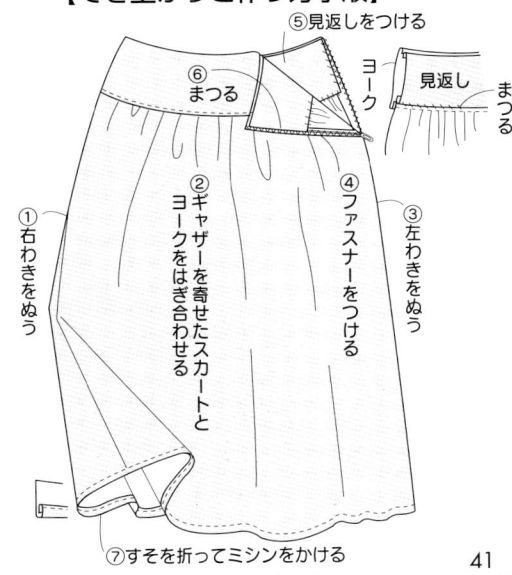

P.12 C — NO.11

前スカートのギャザー分をひもで締めるデザインなので、めんどうなファスナーあきなどの始末は必要なし。後スカートにはダーツが入っているので、体に沿ったきれいなラインが出ます。ここでは型紙の作り方やサイズに合わせた修正の仕方もくわしく解説します。

材料
タータンチェック110cm幅×1.5m、コードを1.5m、コードストッパー2個

型紙の作り方
C後スカート・C前スカートの2枚を使う。

【型紙の作り方】

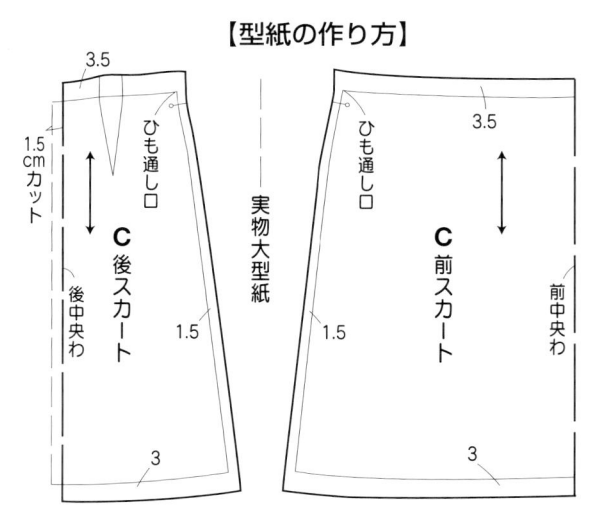

C後スカート — 3.5 / 1.5cmカット / ひも通し口 / 1.5
C前スカート — 3.5 / ひも通し口 / 1.5
実物大型紙
裾 3

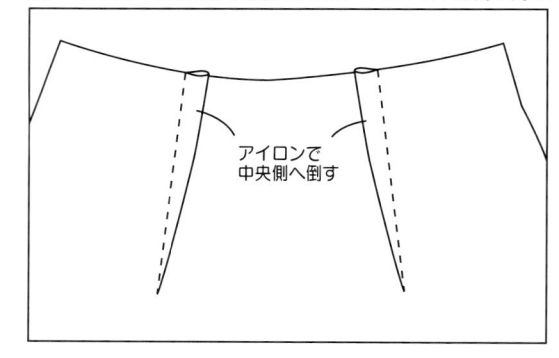

1 布を裁断する

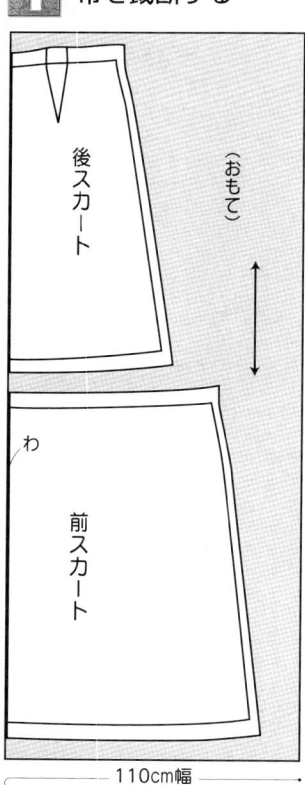

布は外側を表にして布幅を半分に折る。布の折り山（わ）に前中央、後中央を合わせて型紙をおき、待ち針で止める。

後スカート / 前スカート / （おもて） / わ / 110cm幅

2 ダーツをぬう

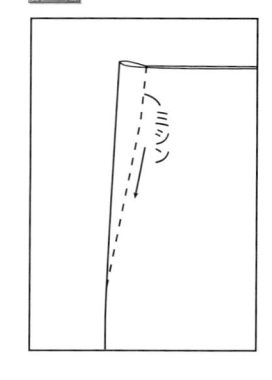

①後スカートのダーツ位置を中表（布の表面を内側にすること）に折り、ウエスト側からダーツの先に向かってミシンでぬう。ぬい始めと終わりは返しぬいを。

②ダーツを2本ともぬい、ぬいしろはアイロンで中央側に倒す。
アイロンで中央側へ倒す

3 ぬいしろの始末

前後とも、周囲にぐるりとジグザグミシンをかけて、ぬいしろがほつれないように始末する。ジグザグミシンは布の表面を上にしてかけるとよい。

4 ウエストとすそのぬいしろを折る

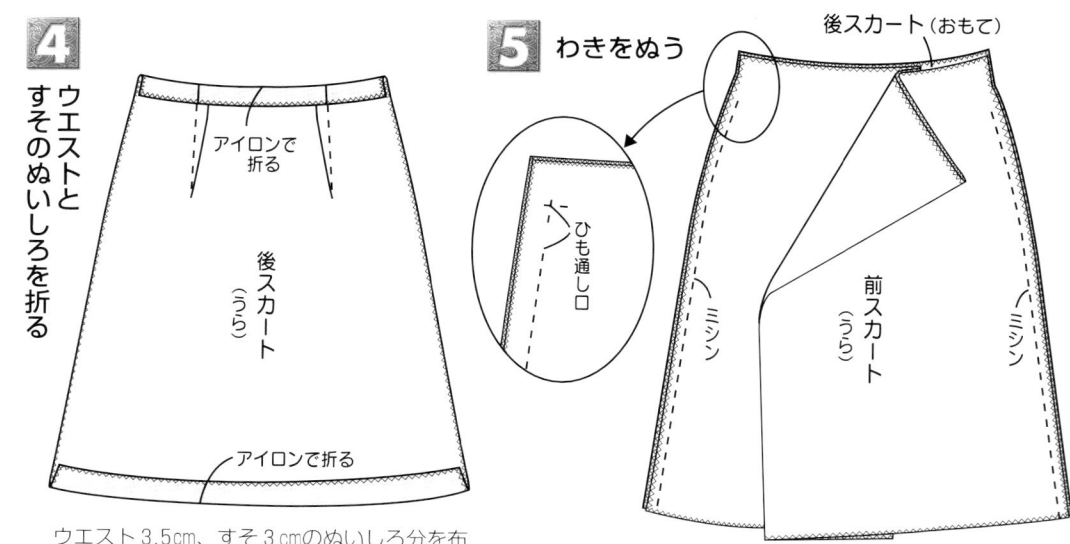

アイロンで折る / 後スカート（うら）/ アイロンで折る

ウエスト3.5cm、すそ3cmのぬいしろ分を布の裏側に折り、アイロンで押さえる。前スカートも同じように折り目をつける。

5 わきをぬう

後スカート（おもて）/ ひも通し口 / 前スカート（うら）/ ミシン

①前と後を中表に合わせて両わきをぬう。このとき、ウエスト側はひも通し口をぬい残す。

6 すそにステッチをかける

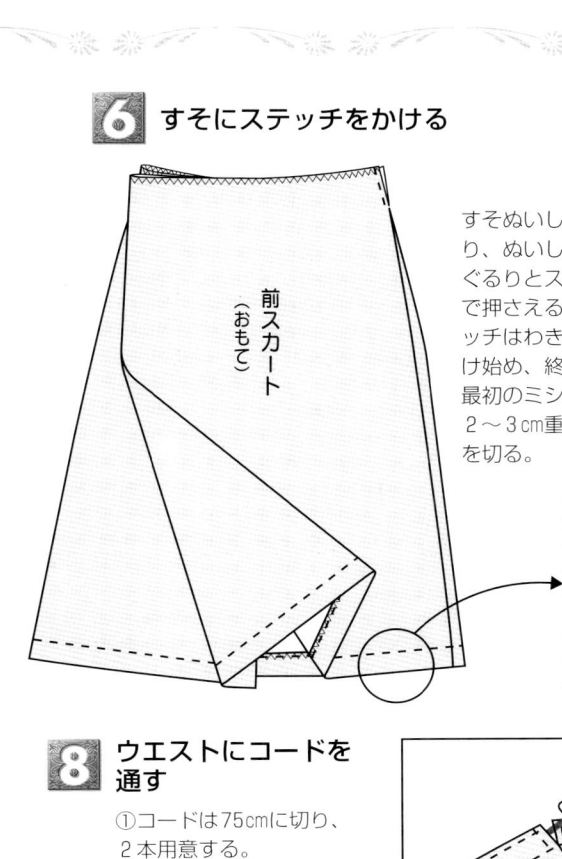

すそぬいしろを折り、ぬいしろ端をぐるりとステッチで押さえる。ステッチはわきからかけ始め、終わりは最初のミシン目に2〜3cm重ねて糸を切る。

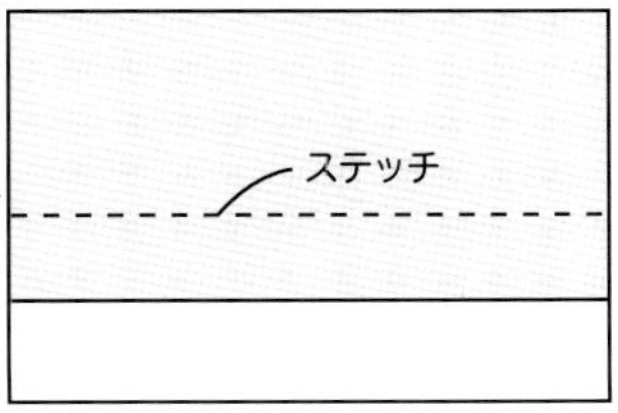

前スカート（おもて）

ステッチ

7 ウエストにステッチをかける

ウエストぬいしろを折り、ぬいしろ端をステッチで押さえる。上端から5mmのところにもステッチをかける。

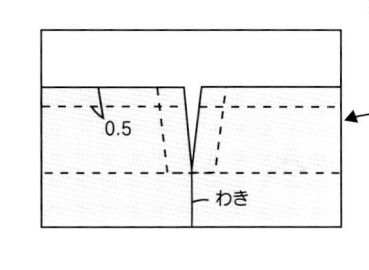

0.5
わき

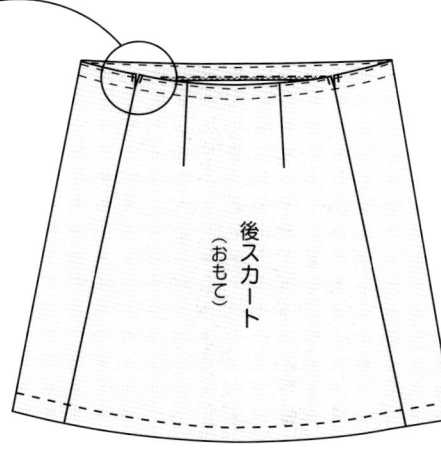

後スカート（おもて）

8 ウエストにコードを通す

①コードは75cmに切り、2本用意する。

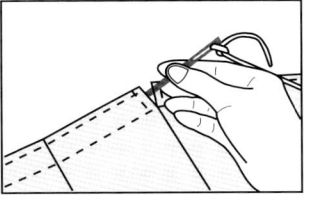

②ひも通しを使って、わきのひも通し口からひもを通す。

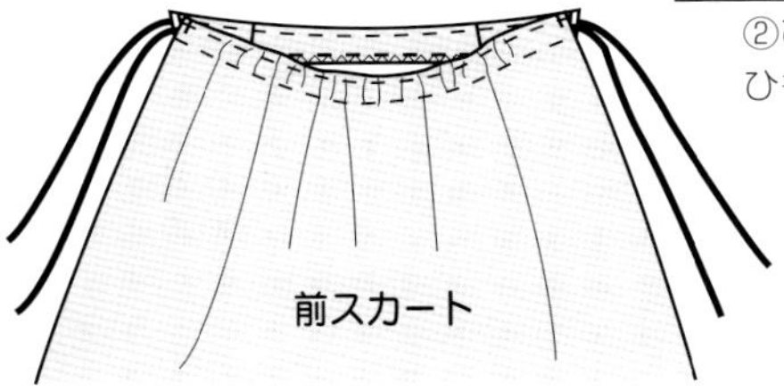

③前ウエスト、後ウエストに1本ずつ通す。

前スカート

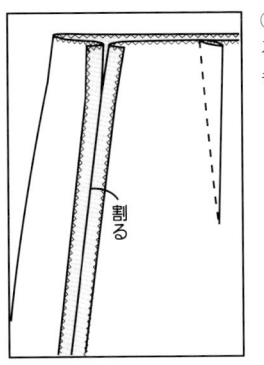

②わきのぬいしろをアイロンできちんと割る。

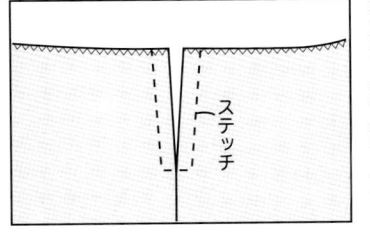

割る

③ひも通し口のぬいしろをステッチで押さえる。

ステッチ

【でき上がり】

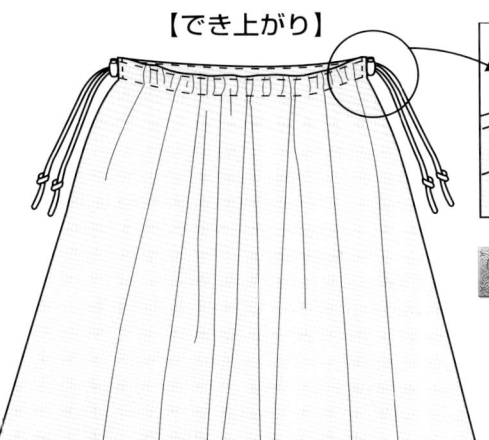

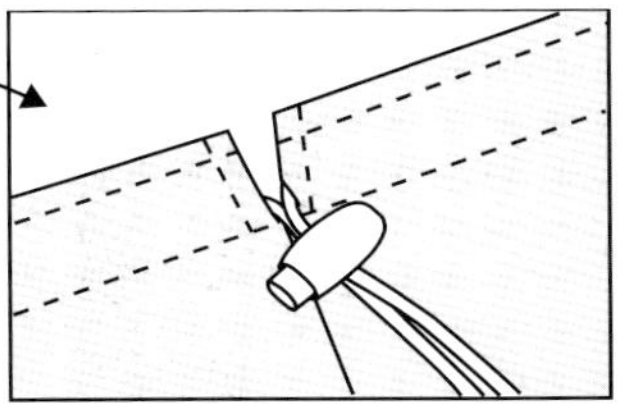

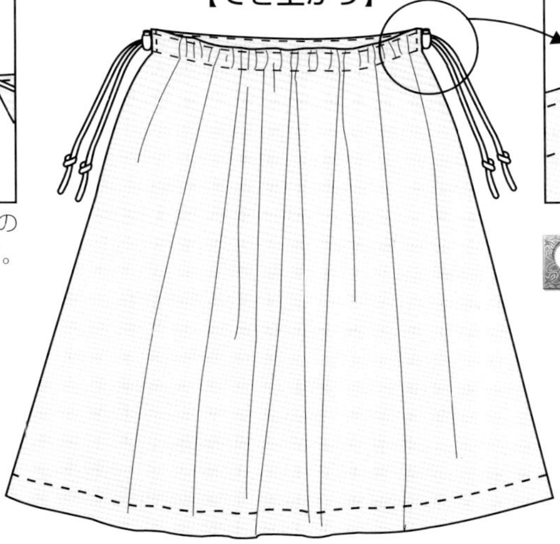

9 コードストッパーをつけて、でき上がり

両わきのコードを、それぞれ2本いっしょにコードストッパーに通す。コードの端は抜け落ちないように結んでおく。

チェックの柄合わせの方法

大きめのチェックで作るときは、わきのぬい目で柄を合わせるときれいです。前後中央ではぎ合わせるデザインのときも柄合わせをしましょう。ここではスカートの柄合わせの方法についてレッスンします。

①前スカートの型紙を布において裁つ位置を決め、型紙のわきのぬいしろ線のところにチェックの位置を書き込む。次に写真のように後の型紙の同じ位置にしるしをつける。

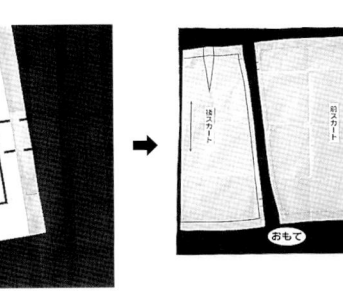

②後スカートの型紙を布におく。このとき、写真のように型紙に書き込んだしるしが、前スカートのしるしと同じ柄になるように合わせる。

おもて

P.11 型紙 C — NO.10

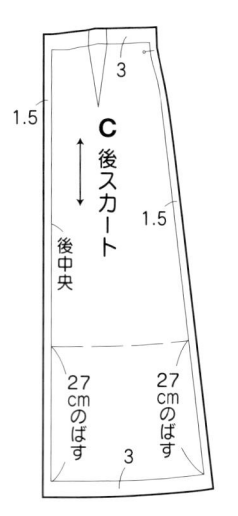

裁ち方のポイント
● スエードタイプなど起毛素材の布は毛並みの方向によって色が違って見えるので、裁つときは型紙の上下を同じ方向において裁つ。毛並みのない一般的な布の場合は、前後を差し込んで裁つと、用尺が少なくてすむ。

作り方順序
作り方はP.42〜43を参照。
① 後のダーツをぬう。ぬいしろは中央側に倒す。
② 前後とも周囲にジグザグミシンをかける。
③ 後中央を中表にぬい、ぬいしろを割る。
④ ウエスト、すそのぬいしろ分3cmはアイロンで折り目をつけておく。
⑤ ひも通し口を残してわきをぬって割る。ひも通し口にはステッチをかけておく。
⑥ すそを折ってミシンで止める。
⑦ ウエストを折ってミシンで止める。
⑧ リボンを75cmに切り、前ウエスト、後ウエストにそれぞれ通し、コードストッパーをつける。

材料
起毛素材150cm幅×1.4m（腰回り94〜100cmの場合は1.6m、腰回り101〜107cmの場合は1.9m）、1.2cm幅のチェックのリボン1.5m、コードストッパー2個

型紙の作り方
C 後スカート・C 前スカートの2枚を使用し、丈をのばして、前のギャザー分を減らす。ギャザー分の減らし方は腰回り寸法によって変わるので図を参考にする。

【型紙の作り方】
【裁ち方図】

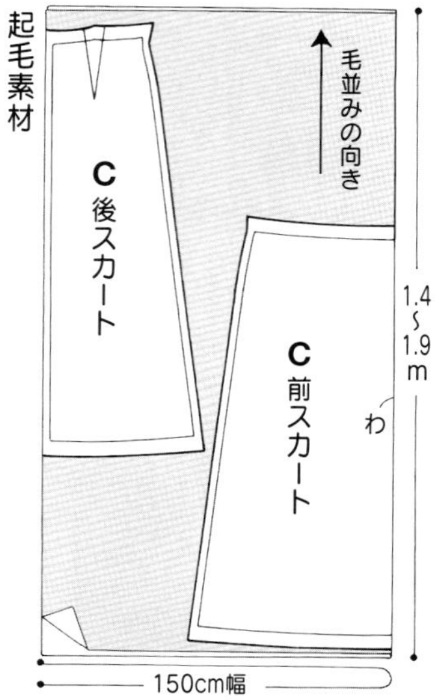

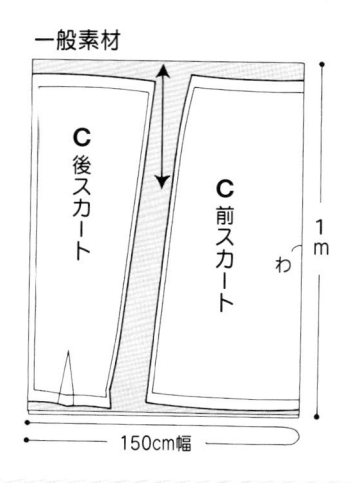

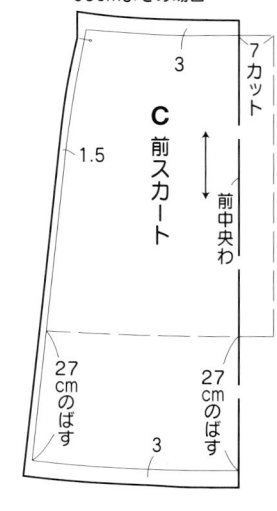

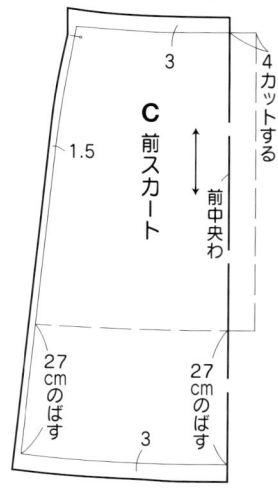

ヒップ寸法93cmまでの場合
ヒップ寸法94〜107cmまでの場合

サイズが合わなくても大丈夫！
スカートのサイズの変え方

型紙Cのスカートは、ウエスト寸法が60〜70cmの人なら、型紙をそのまま使えます。これより大きいサイズの人、小さいサイズの人は下の図のように型紙を修正しましょう。

★材料に表示されている布の用尺は、実物大型紙をそのまま使った場合で見積もっています。サイズを変える場合は布の用尺も変わる場合があります。

ウエスト寸法が76〜80cmの人は… 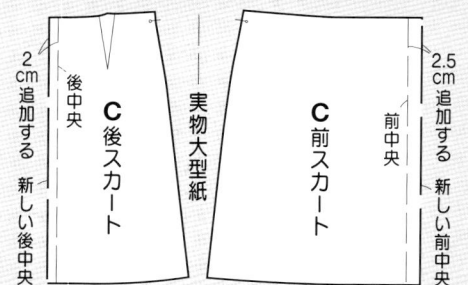
後スカートの後中央で2cm追加し、前スカートの前中央でも2.5cm追加します。

ウエスト寸法が71〜75cmの人は… 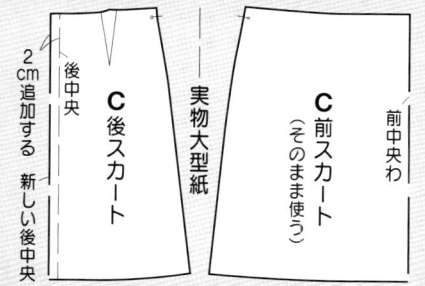
後スカートの後中央で2cm追加して、後スカートを大きくします。前スカートはそのまま使います。

ウエスト寸法が56〜59cmの人は… 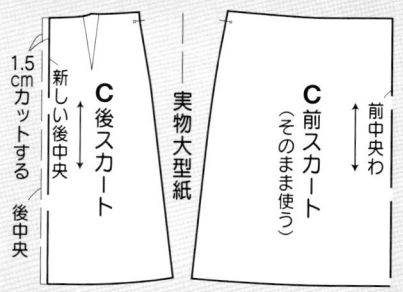
後スカートの後中央で1.5cmカットします。前スカートはそのまま使います。

P.12 型紙 C NO.12

裁ち方のポイント
●作品のネップツイードは150cm幅なので、折り方を変えれば、前後とも輪に裁つこともできる。90cm幅、110cm幅の場合は、前後中央を輪にして縦に並べて裁つ。その場合の用尺は1.5m。

作り方順序
作り方はP.42〜43を参照。
① 後のダーツをぬう。ぬいしろは中央側に倒す。
② 前後ともわき、ウエスト、すそのぬいしろにジグザグミシンをかける。
③ 後中央を中表にぬい、ぬいしろを割る。
④ ウエストとすそのぬいしろはアイロンで折り目をつける。
⑤ 両わきをぬい、ぬいしろを割る。
⑥ すそ、ウエストを折り、ぬいしろ端をミシンで押さえる。
⑦ 前ウエストにひだをたたみ、表ひだ山だけウエストから3cmぐらいをステッチで止める。ひだの分量、位置は試着をし、各自のウエストに合わせて決める。
⑧ スエードテープ、フリーマジック、D鐶でベルトを作り、前ウエストに止める。
⑨ ひだの内側にスナップをつけて、陰ひだを安定させる。

材料
ネップツイード150cm幅×80cm、1.5cm幅の合成皮革のスエードテープ80cm、2.5cm幅のフリーマジック16cm、1.5cmのD鐶2個、スナップ2組

型紙の作り方
C 後スカート・C 前スカートの2枚を使用する。後中央で1.5cmカットする。

【型紙の作り方】 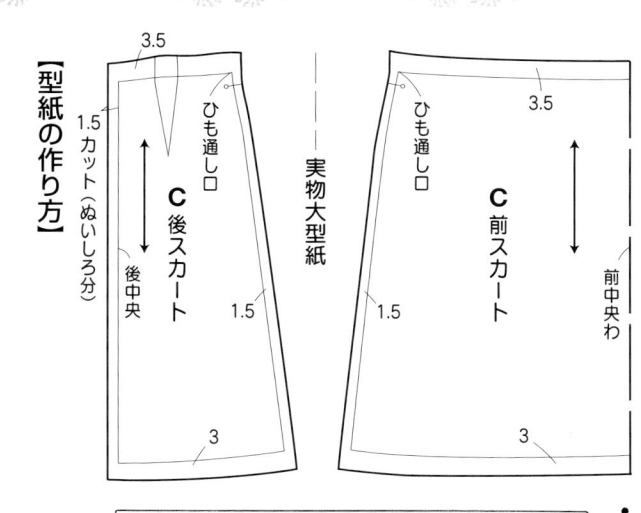
【裁ち方図】 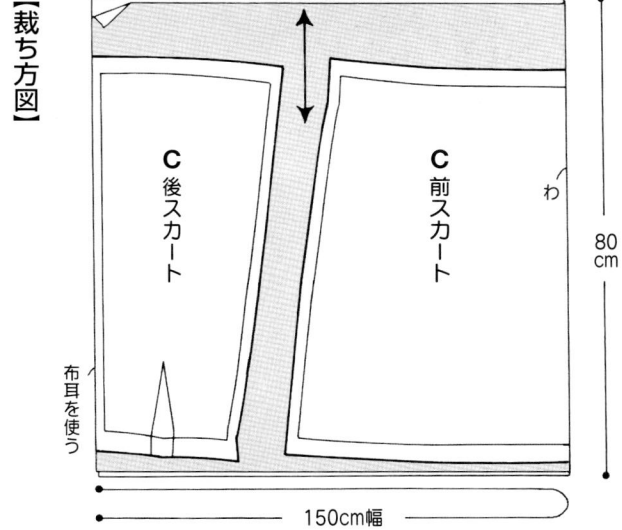
【でき上がり】
【テープのつけ方】
【ひだの折り方】
【スナップのつけ方】

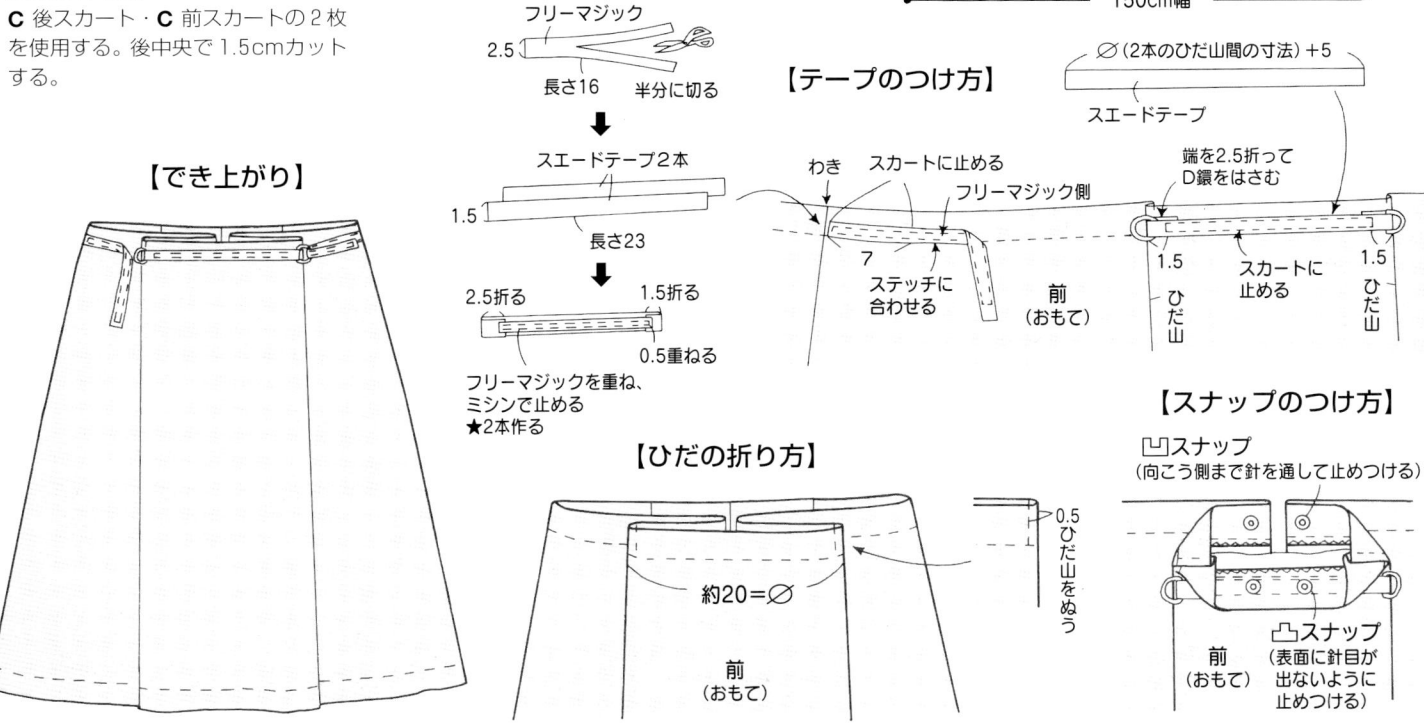

P.14 D NO.14

材料
格子の織柄木綿110cm幅×1.1m、22cmのコンシールファスナー1本、2.5cm幅のバイアステープ80cm、のび止めテープ45cm

P.14 D NO.15

材料
白のシーチング木綿110cm幅×1.3m、22cmのコンシールファスナー1本、2.5cm幅のバイアステープウエスト分（65～75cm）、のび止めテープ45cm

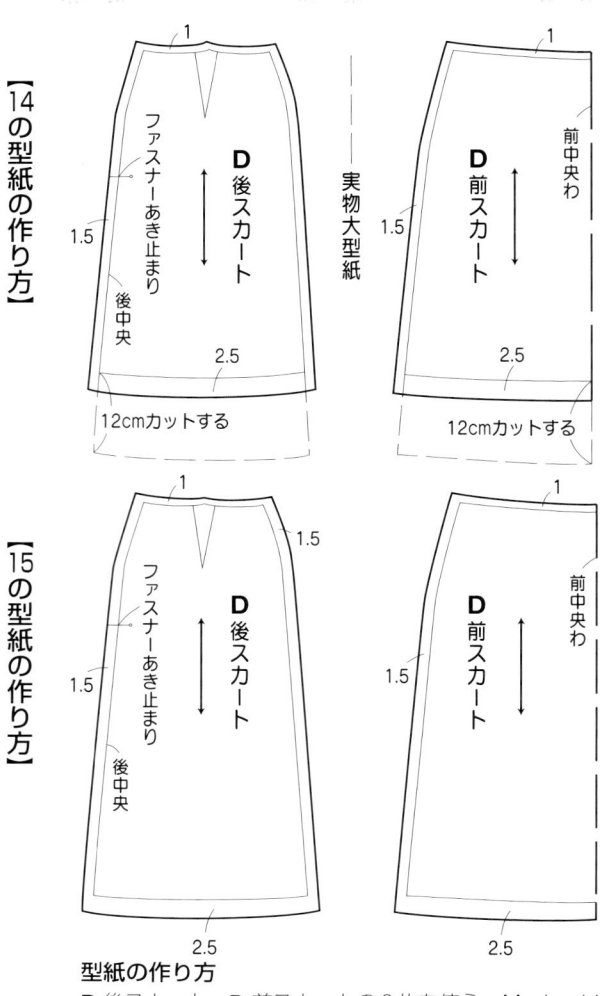

【14の型紙の作り方】

後スカート：1、1.5、2.5、12cmカットする、ファスナーあき止まり、後中央
前スカート：1、1.5、2.5、12cmカットする、前中央わ、実物大型紙

【15の型紙の作り方】

後スカート：1、1.5、ファスナーあき止まり、後中央
前スカート：1、1.5、前中央わ

型紙の作り方
D 後スカート・D 前スカートの2枚を使う。M、L、LLの好みのサイズを選び、図を参照。

P.15 D NO.16

材料
バックサテン110cm幅×1.5m、22cmのコンシールファスナー1本、2.5cm幅のバイアステープウエスト分（65～75cm）、のび止めテープ45cm

型紙の作り方
D 後スカート・D 前スカートの2枚を使う。すそを20cmのばし、丈を長くする。

作り方のポイント
●上のNo.14・15を参照。

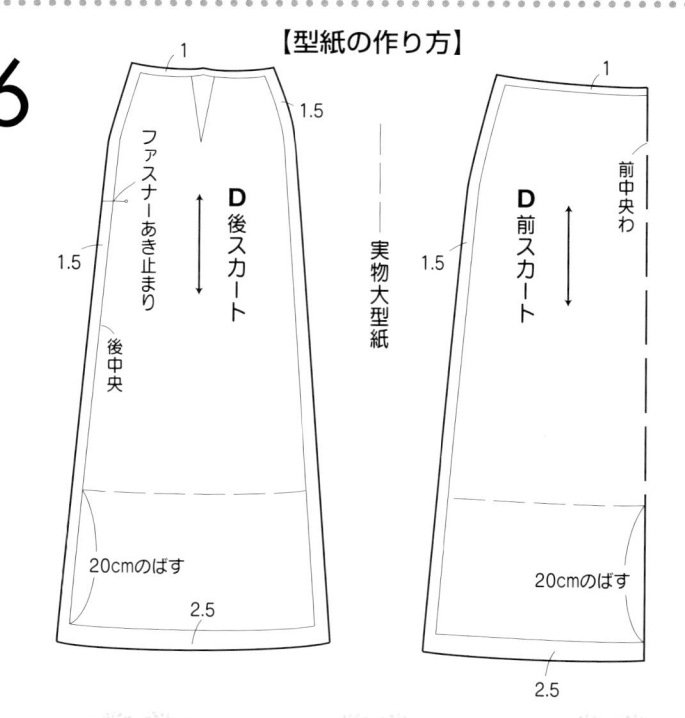

【型紙の作り方】

後スカート：1、1.5、ファスナーあき止まり、後中央、20cmのばす、2.5
前スカート：1、1.5、前中央わ、実物大型紙、20cmのばす、2.5

【裁ち方図】

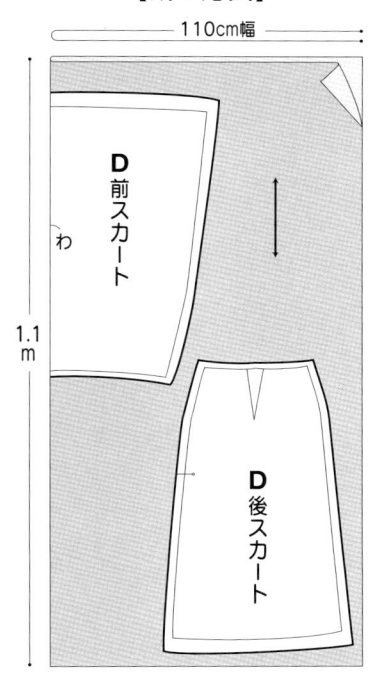

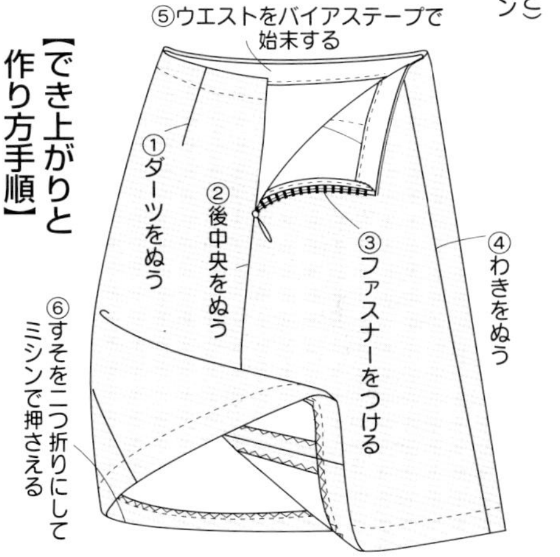

裁ち方のポイント
●No.14の後中央、わきは、チェックの柄を合わせて裁断する。

作り方のポイント
●ウエスト以外は、ジグザグミシンをかけてぬいしろの始末をしてからぬい始める。
●ダーツの先は自然にぬい消すようにミシンをかけ、返しぬいはしないで、ミシン糸を5～6cm残して糸結びをする。
●コンシールファスナーをつけるときは、ミシンの押さえ金をコンシールファスナー用にかえてミシンをかけると簡単できれいに仕上がる。
●ウエストは市販のバイアステープで始末する。
●No.15は、直径1.2cm程度の円柱状の消しゴムの先に、布地用スタンプインクをつけて、シーチングにハンコのように押して染める。

【ウエストの始末】

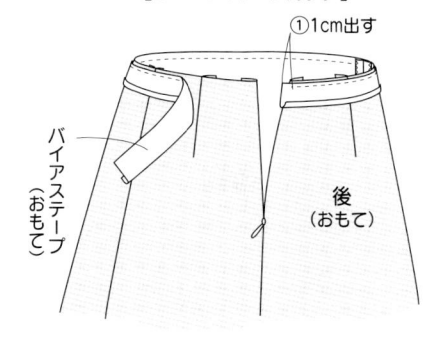

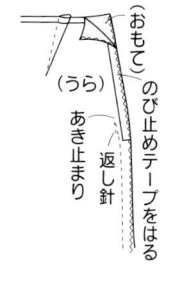

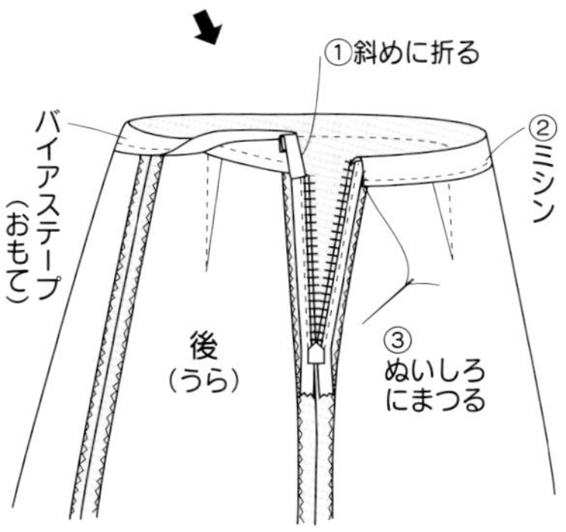

【ファスナーのつけ方】

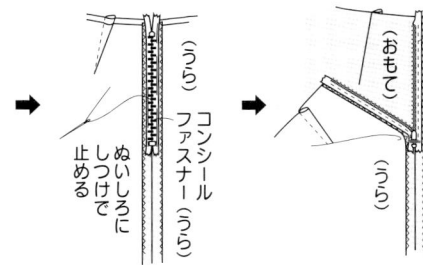

【でき上がりと作り方手順】
①ダーツをぬう
②後中央をぬう
③ファスナーをつける
④わきをぬう
⑤ウエストをバイアステープで始末する
⑥すそを二つ折りにしてミシンで押さえる

【ベルトのつけ方】

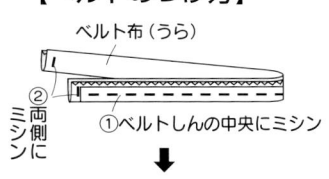

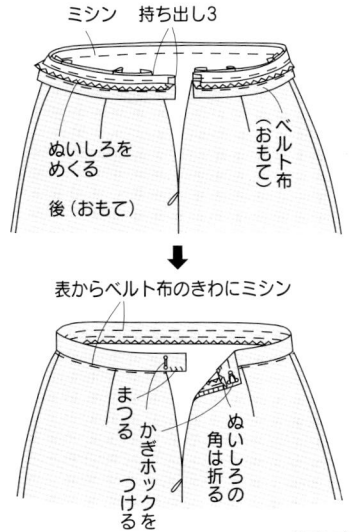

【型紙の作り方】

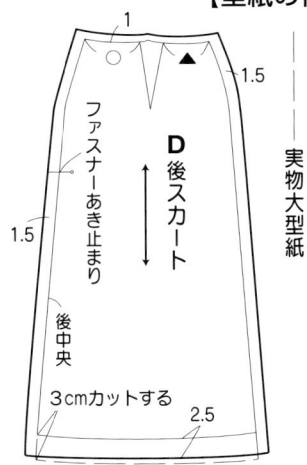

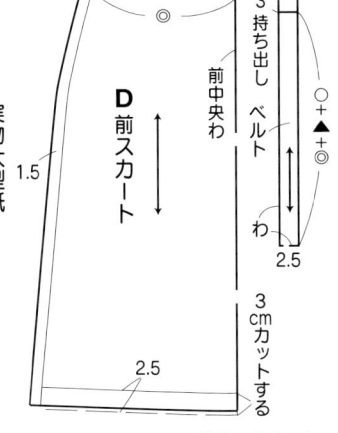

材料
厚手（白は透けやすいので）のデニム90cm幅×1.3m、22cmのコンシールファスナー1本、2.5cm幅のベルトしんM69cm・L75cm・LL81cm、のび止めテープ45cm、かぎホック1組

型紙の作り方
D 後スカート・D 前スカートの2枚を使う。
すそを3cmカットして丈を短くする。

裁ち方のポイント
●ベルト布は布端で1枚裁つ。

P.16 D NO.17
型紙 D

作り方のポイント
●ベルト布にベルトしんをミシンで止め、両側を中表にぬって表返す。後ウエストの左側に3cmの持ち出しをつけてウエストを始末する。

P.17 型紙 D NO.18

【型紙の作り方】

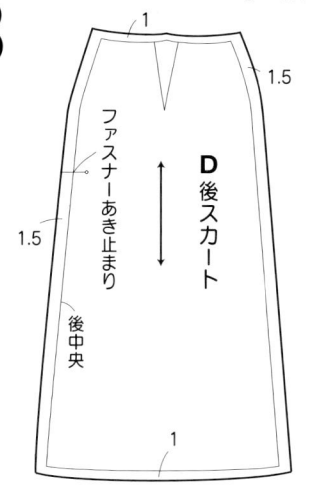

D 後スカート / D 前スカート

【裁ち方図】
110cm幅
フリル / D 前スカート / D 後スカート
1.7m

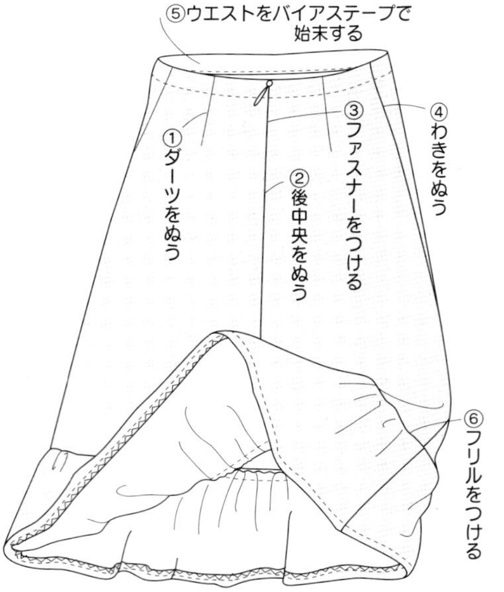

材料
白の木綿のレースサッカー110cm幅×1.7m、22cmのコンシールファスナー1本、2.5cm幅のバイアステープ80cm、のび止めテープ45cm、かぎホック1組

型紙の作り方
D 後スカート・D 前スカートの2枚を使う。M、L、LLの好みのサイズを選ぶ。

裁ち方のポイント
●フリルのつけ側は布の耳を利用して裁断すると、ぬいしろの始末が省ける。また、布地の厚みや張りによってフリルの分量を調節する。

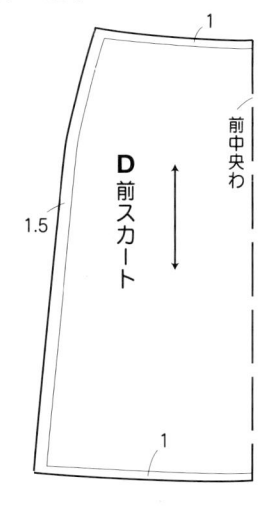

作り方のポイント
●P.46 No.14・15のスカートを参照してぬう。
●フリルのギャザーは、針目をあらくし、上糸の糸調子を強くしてミシンをかけ、上糸を引くと、簡単で、きれいなギャザーができる。むずかしければ、しつけ糸であらい針目でざくざくと手ぬい（ぐしぬいという）して引っぱり、ギャザーを寄せてもよい。
●フリルの中央を返し針にしておくのは、ギャザー分量は片寄りやすいので、左右のフリルを均等にするため、途中でいったん押さえる。

【でき上がりと作り方手順】
①ダーツをぬう
②後中央をぬう
③ファスナーをつける
④わきをぬう
⑤ウエストをバイアステープで始末する
⑥フリルをつける

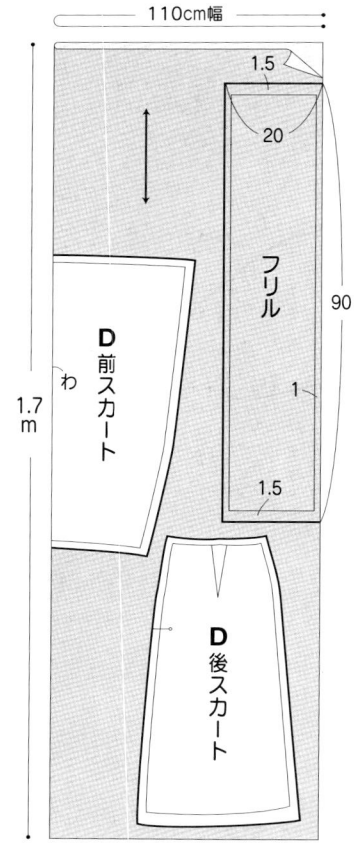

[フリルのつけ方]
①わきをぬう
②すそを二つ折りにしてミシン
③あらい針目でミシン
中央で1針返し針
④ギャザーを寄せてアイロンの先で押さえる
①待ち針で止める
②フリル側からミシン

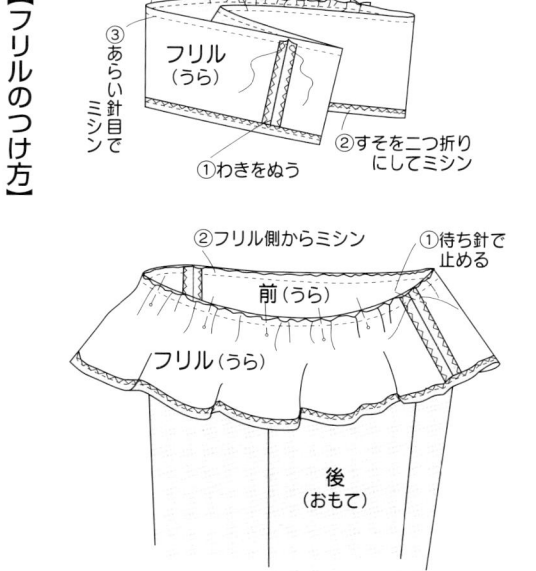

P.17 型紙 D NO.19

材料
バティック柄プリント木綿106cm幅×1.3m、2.5cm幅のゴムテープ62cm

型紙の作り方
D 前スカートを1枚使う。中央を平行に8cmのばし、すそを11cmカットする。後スカートも前と同形。

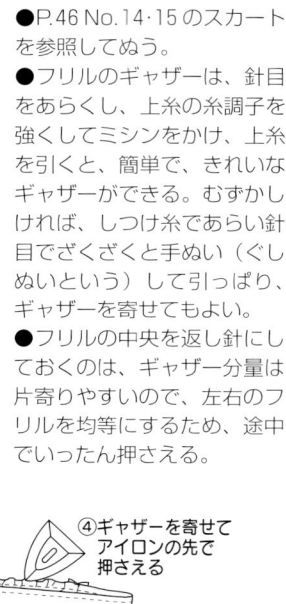

P.18 型紙 E NO.20

材料
ストレッチコーデュロイ110cm幅×1.5m、2.5cm幅ゴムテープを70cm
★ストレッチ素材で作る場合は、ミシン糸はニット用（レジロン糸）を使用する。

型紙の作り方
E 前後スカートをそのまま使う。前後同形なので型紙は1枚でもOK。

1 わきぬいしろにジグザグミシンをかけてから、すそぬいしろ3cmを折り上げる。ウエストは三つ折りにする。

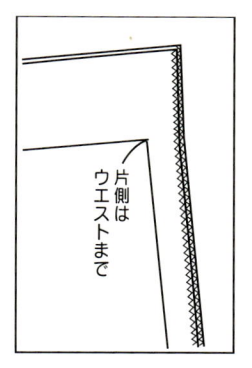

2 わきをぬう
2枚を中表に合わせ、両わきをぬう。このとき、片方のわきはウエストぬいしろをゴム通し口としてぬい残す。

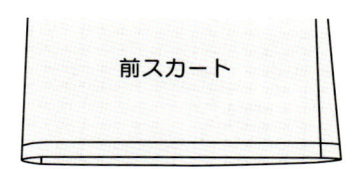

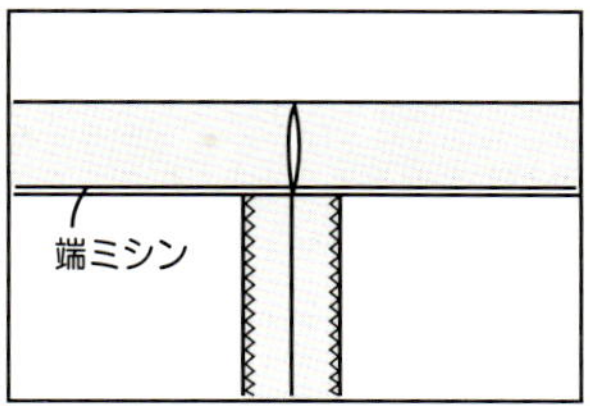

3 すそをぬう
折り上げたすそをととのえ、ぬいしろ端をミシンでぐるっとステッチをかけて押さえる。

4 ウエストをぬう
ウエストの三つ折りをととのえ、端をミシンで押さえる。

5 ゴムを通してでき上がり
わきのゴム通し口からウエストにゴムを通す。ゴムの長さはウエスト寸法の1割減を目安に、ゴムの強度や好みで決める。ゴムの端は1～2cm重ね、しっかりかがって止める。

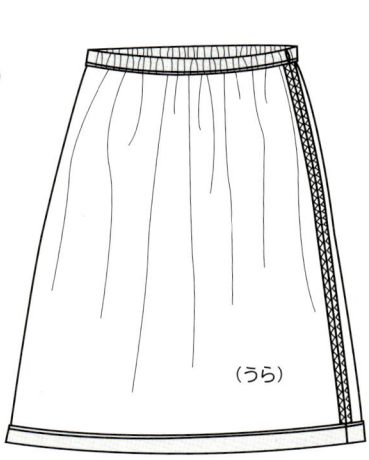

【型紙の作り方】 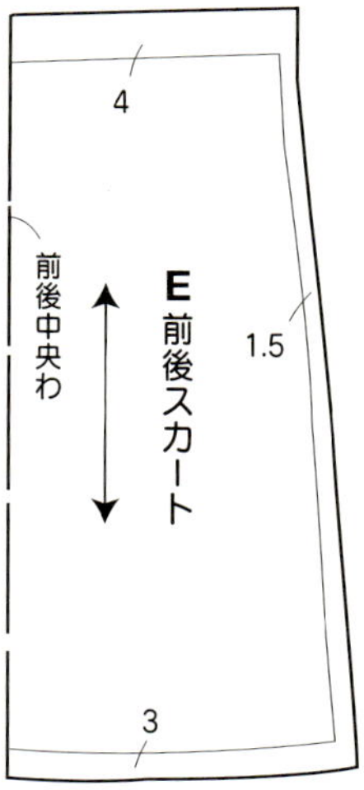
【裁ち方図】

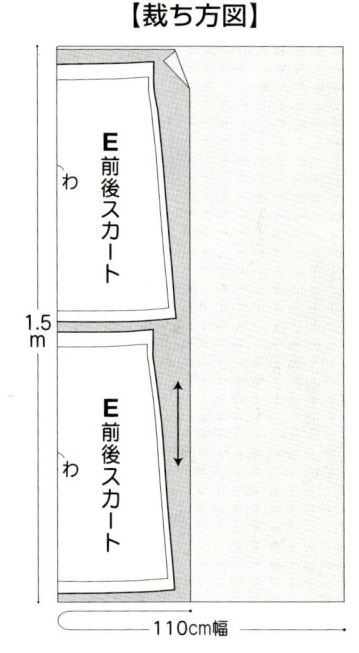

作り方順序
①前後スカートとも周囲にジグザグミシンをかける。
②わきをぬい合わせる。ウエストのぬいしろ部分はゴム通し口を2.5cmぬい残しておく。
③わきのぬいしろを割り、ウエストとすそのぬいしろ分を折り返して、ステッチで止める。
④図のようにウエストにゴムを通してでき上がり。

【型紙の作り方】 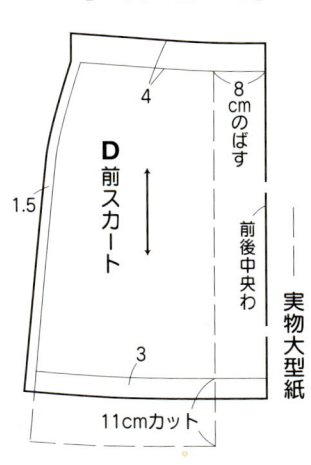
【ゴムテープの通し方】 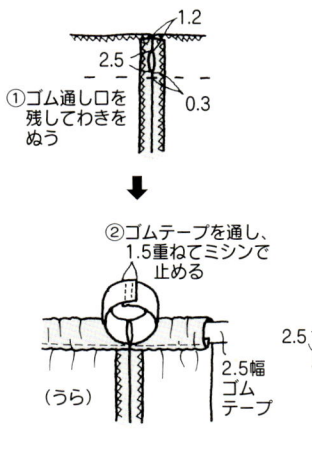
①ゴム通し口を残してわきをぬう
②ゴムテープを通し、1.5重ねてミシンで止める
【でき上がり】

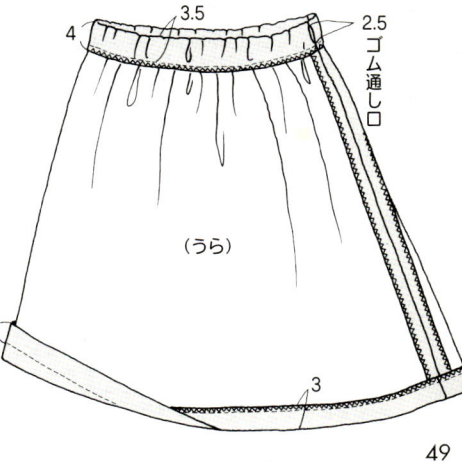

P.19 型紙 E NO.22

を1cmのばして、ぬいしろを2cmにする。ポケットはそのまま使う。

作り方順序

① ポケットをつける。花柄、無地のそれぞれの右後スカートにつける。
② 後中央をぬう。まず花柄側を内側に、後2枚を合わせてぬう。次にぬいしろを片側に倒してステッチで押さえる。
③ ウエストぬいしろを無地側に、すそぬいしろを花柄側に、それぞれアイロンで三つ折りにして、折り目をつけておく。
④ わきを折り伏せぬいでぬう。
⑤ すそぬいしろの三つ折りの間にパイピングテープをはさんでミシンで止める。
⑥ ウエストの三つ折りをミシンで押さえるが、ゴム通し口を3cmぐらい残す。
⑦ ウエストにゴムを通し、ぬい残したゴム通し口にミシンをかける。ゴムの長さはウエスト寸法の1割減を目安にかげんを。

材料
花柄と無地のリバーシブルデニム110cm幅×1.1m、コードパイピングテープ1.2m、2.5cm幅のゴムテープ70cm

型紙の作り方
E前後スカート・Eポケットの2枚を使用。前後スカートはすそ線

【型紙の作り方】
【ポケットのつけ方】
【折り伏せぬいの仕方】
【すその始末】
【でき上がり】
【裁ち方図】
【ウエストの始末】

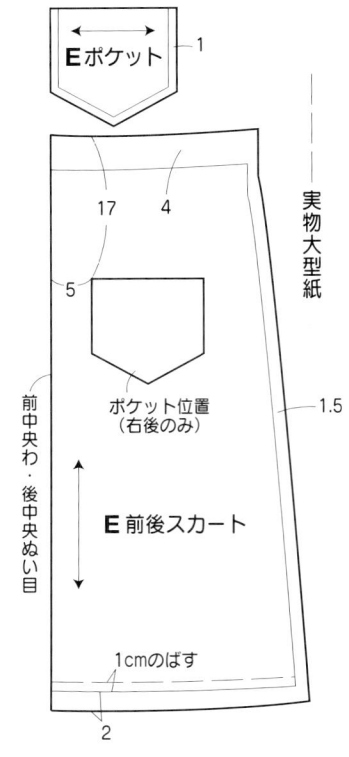

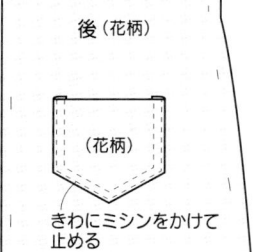

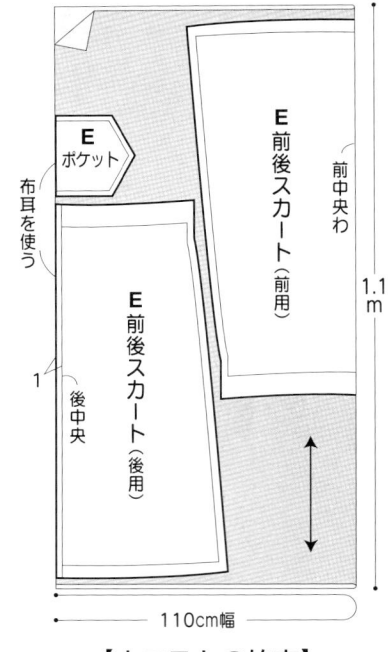

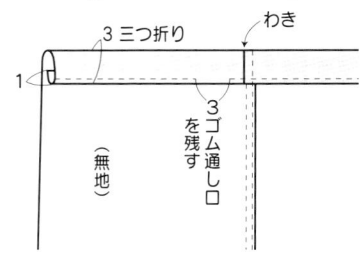

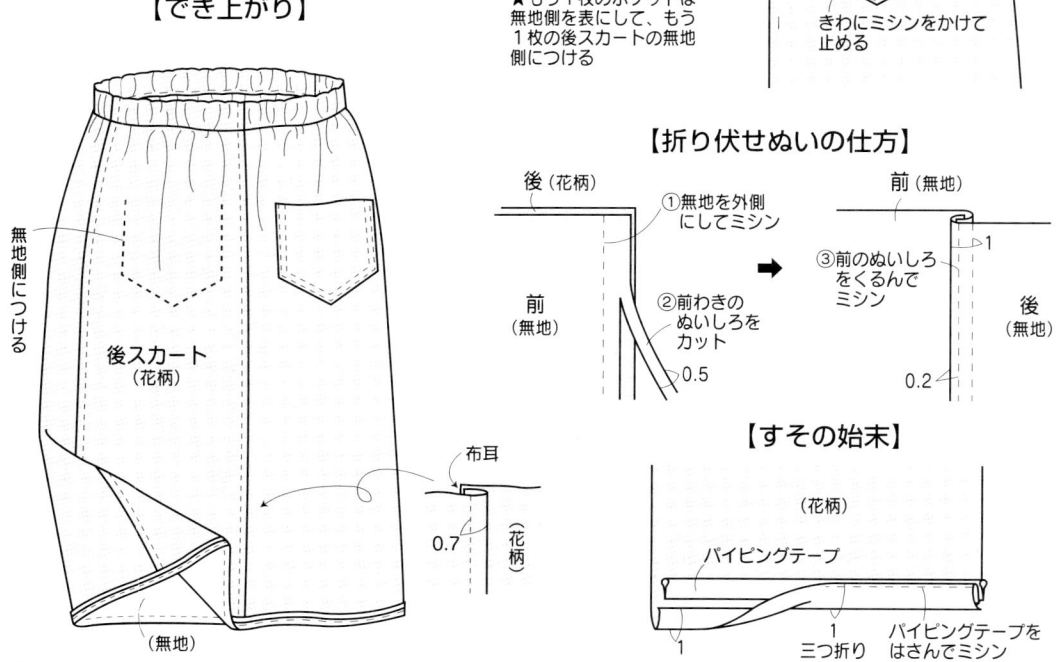

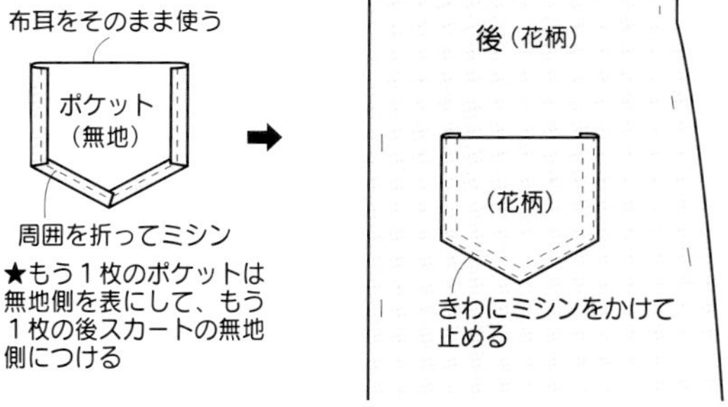

P.18 型紙 E NO.21

P.20 型紙 E NO.25

【型紙の作り方】

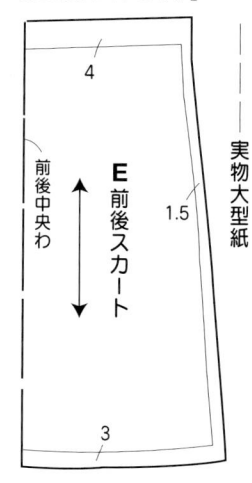

【サイズの変え方】

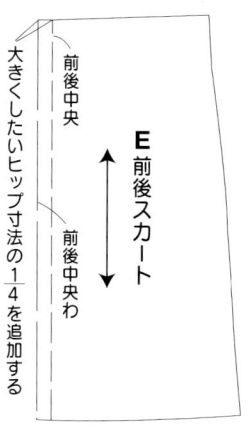

大きくしたいヒップ寸法の1/4を追加する

ヒップ寸法が104cm以上の人は、大きくしたい寸法の4分の1を、前後中央で追加します。小さくする場合は前後中央で小さくしたい寸法の4分の1カットします。

【ペチコート】

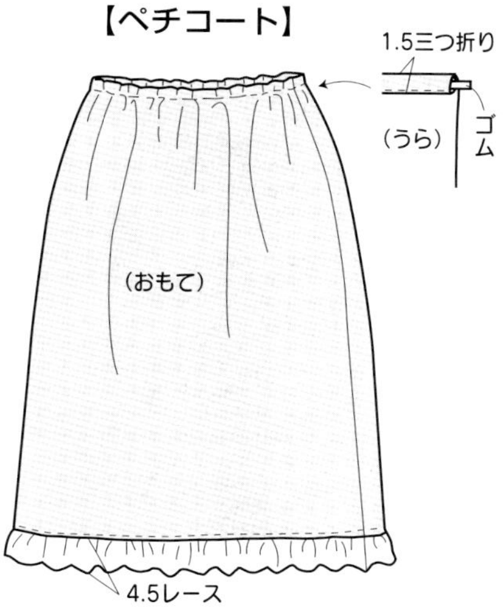

1.5三つ折り

4.5レース

【スカート】

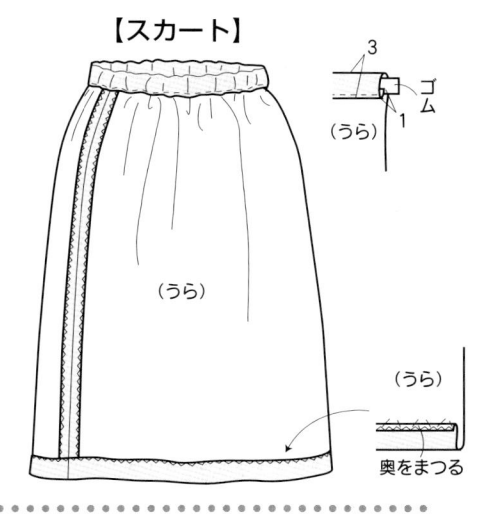

材料
スカートはプリント地90cm幅×1.5m、2.5cm幅のゴムテープ70cm、ペチコートは裏地90cm幅×1.4m、4.5cm幅のギャザーレース1.3m、1.2cm幅のゴムテープ70cm

型紙の作り方
E 前後スカートの型紙をそのまま使用する。

作り方のポイント
●No.20のスカートと同じ形でスカートとペチコートを作る（P.49を参照）。ペチコートは丈を2cmほど短く作り、すそにレースをつける。

材料
綿スエード110cm幅×1.5m、2.5cm幅のゴムテープ70cm、ステッチ糸

型紙の作り方
上のNo.25を参照。

作り方順序
①わき、すそのぬいしろにジグザグミシンをかける。
②前後中央をしつけなどでしるしをつけ、その両側にステッチをかける。
③ウエストぬいしろは三つ折り、すそはでき上がりにアイロンで折り上げ、折り目をつけておく。
④わきをぬう。このとき、片方のウエストぬいしろはゴム通し口としてぬい残す（P.49参照）。ぬいしろは割り、ぬい目の両側にステッチをかける。
⑤すそを折り上げてステッチを2本かける。
⑥ウエストの三つ折りをミシンで押さえる。
⑦ゴムを通す。ゴムの長さはウエスト寸法の1割減を目安にかげんを。

【でき上がり】

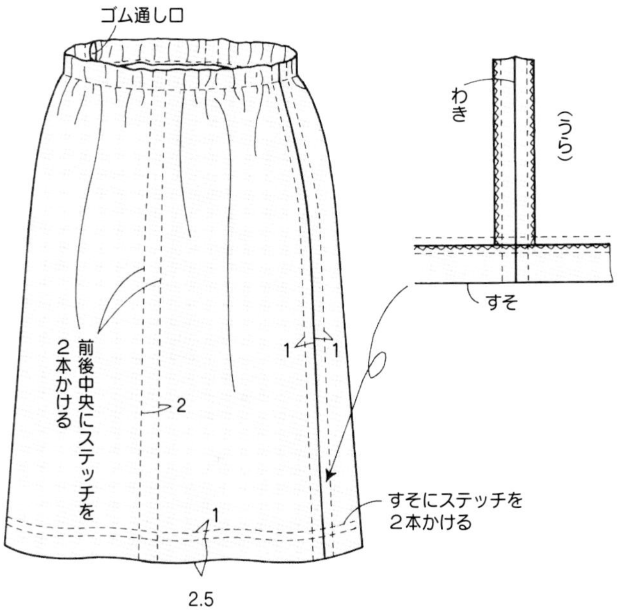

【裁ち方図】

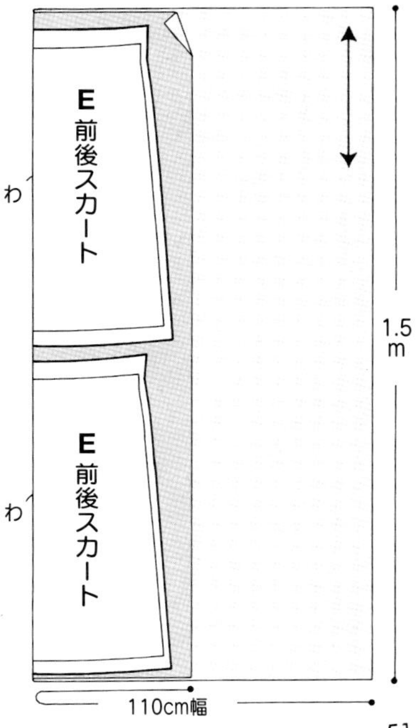

P.20 B+E NO.23・24

【型紙の作り方】

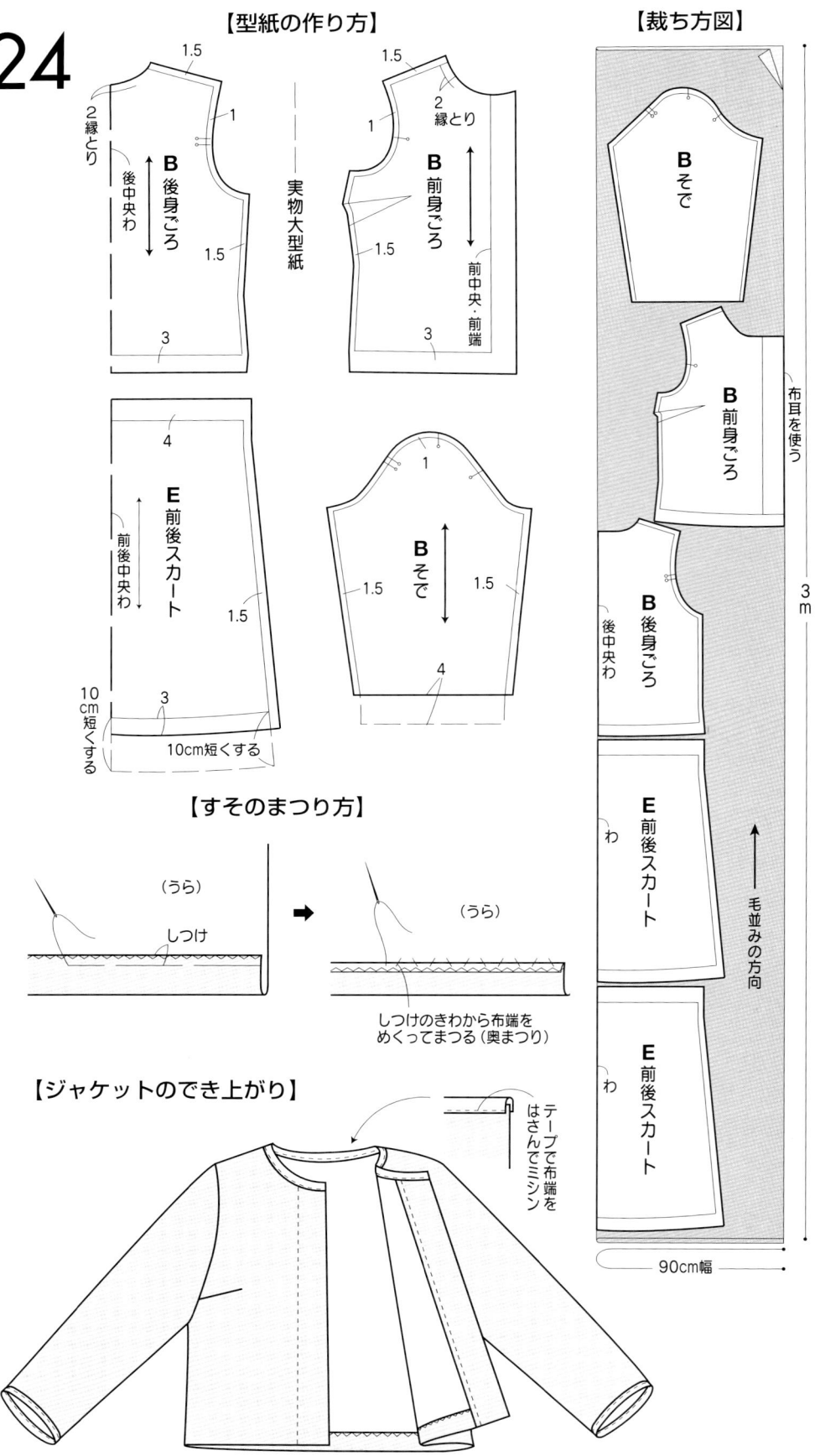

【裁ち方図】

【すそのまつり方】

【ジャケットのでき上がり】

材料
白のベッチン90cm幅×3m、2cm幅二つ折りストレッチベルベットテープ1.1m、2.5cm幅のゴムテープ70cm

型紙の作り方
ジャケットは**B**後身ごろ・**B**前身ごろ・**B**そでの3枚を使用する。えりぐりぬいしろはつけない。そでは丈を4cmカットし、そで口にぬいしろはつけない。スカートは**E**前後スカートを使用し、丈を10cm短くする。

ジャケットの作り方順序
①ダーツをぬい、ぬいしろは上側に倒す。
②肩、わき、すそ、そで下のぬいしろにジグザグミシンをかける。
③前端見返しのすそを中表にぬって表に返し、前端をととのえてステッチをかける。
④肩をぬう。ぬいしろは割る。
⑤そでをつける。
⑥そで下とわきをつづけてぬい、ぬいしろを割る。
⑦えりぐり、そで口をベルベットテープでくるんで縁とりをする。
⑧すそを折り上げてまつる。

スカートの作り方ポイント
●No.20のスカートと同じ（P.49を参照）。ただし、すそはステッチをかけないでジャケットのすそと同じように奥をまつる。

P.21 型紙 E NO.26

材料
白のピケ110cm幅×2.1m、2.5cm幅のゴムテープ70cm

型紙の作り方
E前後スカートを使う。すそを2cmカットする。フリルは型紙を作らずに、裁ち方図に示した寸法の長方形を直接裁つ。

作り方順序
①わき、すそ、フリルの周囲にジグザグミシンをかける。
②ウエストをアイロンで三つ折りにし、折り目をつけておく。
③わきをぬい、ぬいしろを割る。片方のわきはゴム通し口をぬい残す（P.49参照）。
④ウエストの三つ折りをミシンで押さえる。
⑤上段、下段ともフリルのわきをぬい、フリルのすそぬいしろを1cm折り、ミシンをかける。
⑥フリルにギャザーを寄せ、スカートのすそにつける。
⑦ウエストにゴムを通す。ゴムの長さはウエスト寸法の1割減を目安にかげんを。

【裁ち方図】

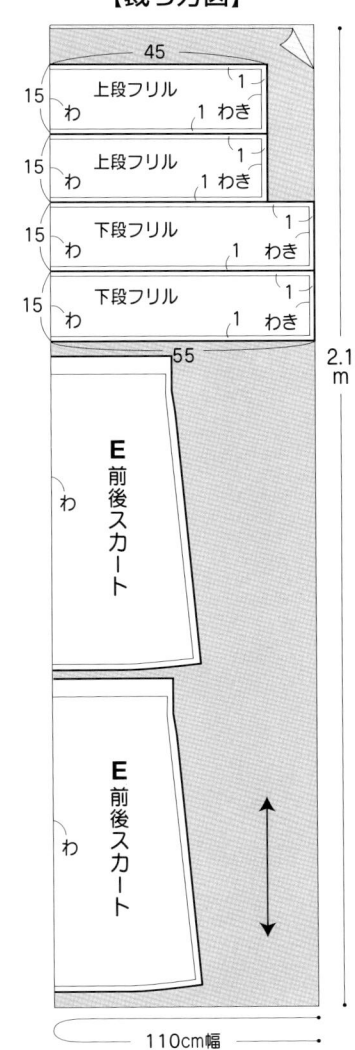

【でき上がり】

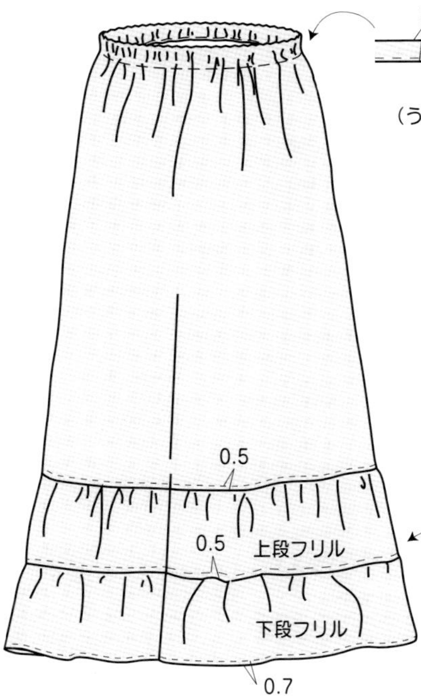

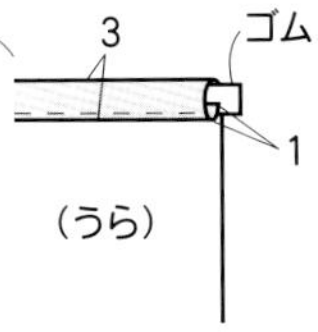

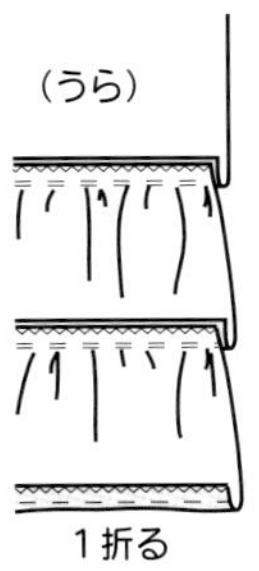

★ペチコートを作るときは、白の綿ブロードで実物大型紙Eを使ってスカートを作り、すそに23cm幅のフリルを2m分、ギャザーを寄せてつける。フリルのすそに3～5cm幅のレースをつければでき上がり。スカートより少し長めに作って少し見えるくらいに。

P.23 型紙 F NO.28

材料
黒の合成皮革130cm幅×65cm、22cmのコンシールファスナー1本、1cm幅のグログランリボンを70cm、のび止めテープ45cm

型紙の作り方
F後スカート・F前スカートの2枚を使う。M、L、LLの好みのサイズを選ぶ。

作り方のポイント
●合成皮革やナイロンコーティング素材は布端がほつれにくく、ぬいしろ始末がいらない反面、ミシンでぬうときに布送りがしにくいことが多いので、専用スプレーですべりやすくするとよい。布を手で引っぱるようにしてぬっていく。
●P.54を参照し、同様にぬう。

【でき上がり】

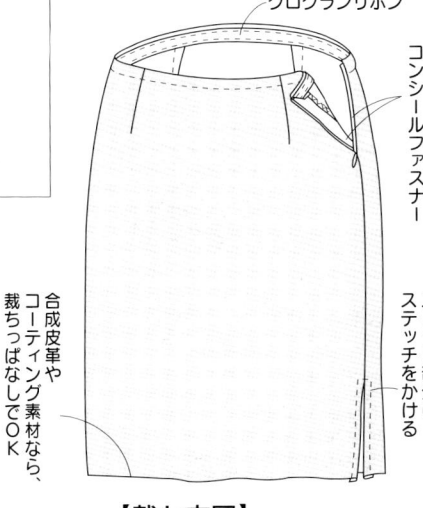

【裁ち方図】

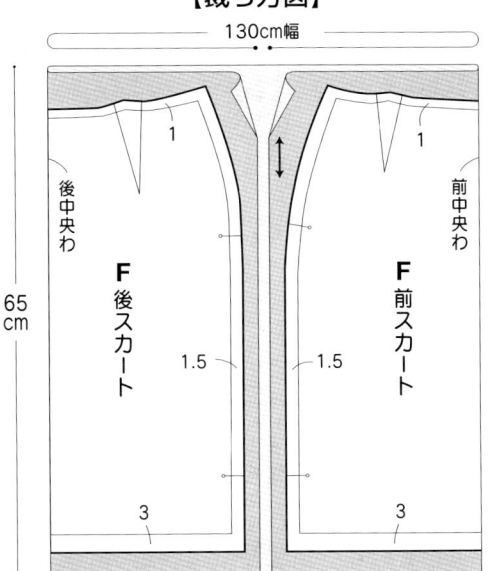

P.22 型紙 F NO.27

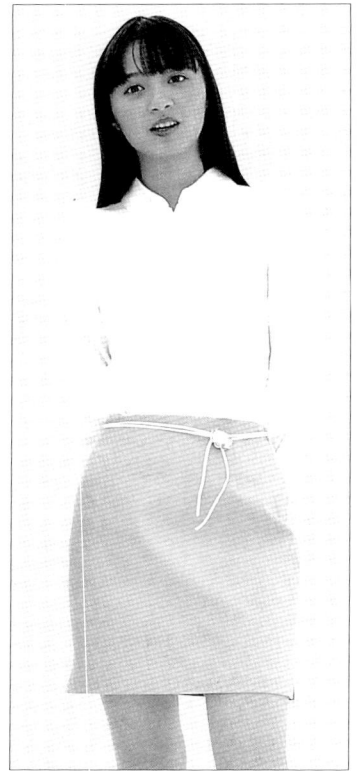

M、L、LLの3サイズ展開です。それぞれのでき上がりサイズを表で確認し、合うサイズの型紙の線を選んで紙に写して使います。コンシールファスナーを使えば、簡単にわきファスナーあきのジャストフィットのスカートがぬえます。

材料
コットンツイル110cm幅×50cm、22cmのコンシールファスナー1本、1cm幅のグログランリボンを70cm、のび止めテープ45cm

型紙の作り方
F後スカート・F前スカートの2枚を使います。それぞれのサイズの型紙に指定のぬいしろをつけて型紙を作ってください。ミニスカートの丈は42cmとかなり短めですが、わきの線を延長すれば、すぐに丈はのばせますから、好みの丈に調節して使います。

❗ ヌード寸法は
P.33型紙の使い方を参照。

1 布を裁断してしるしをつける

①実物大型紙からFの型紙2枚を作り、布幅を右図のように折って並べる。90cm幅の布地の場合は下図のようにおく。

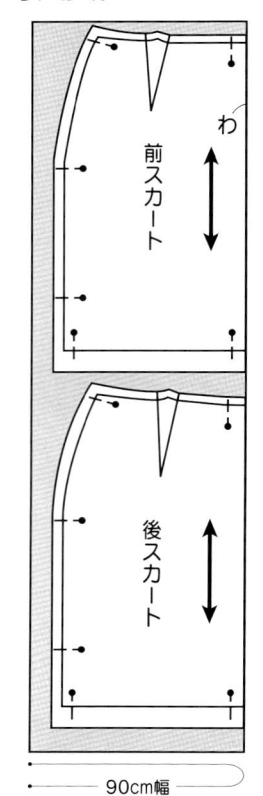

【型紙の作り方と裁ち方】

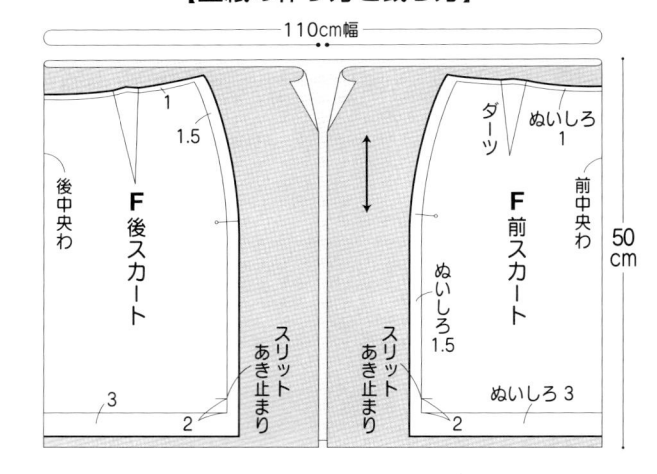

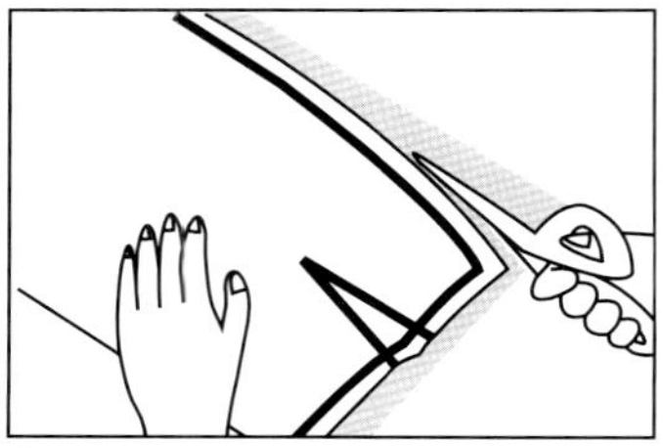

②型紙に沿って重なっている布を2枚いっしょに切る。

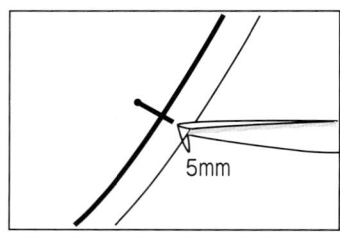

③合いじるしははさみで布端に5mmくらい切り込みを入れる。

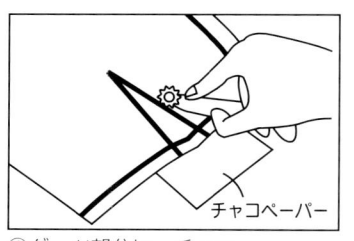

④ダーツ部分に、チャコペーパーをはさんで、ルレットでしるしをつける。

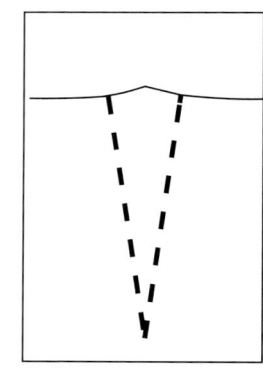

⑤ダーツのしるしがついたところ（裏側）。

2 ダーツをぬう
P.42参照。

3 ぬいしろの始末をする

ぬいしろがほつれないように布の表側からジグザグミシンをかける。

4 わきをぬい、スリットを始末する

①ファスナーあきとスリットを残して両わきをぬう。ファスナーあき止まりは返しぬいをし、ぬいしろは割る。

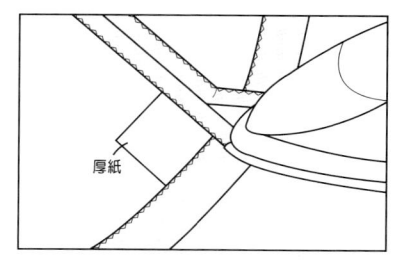

②厚紙やソーイングゲージなどでぬいしろを確認しながら、すそとスリットにアイロンで折り目をつける。

5 ファスナーをつける

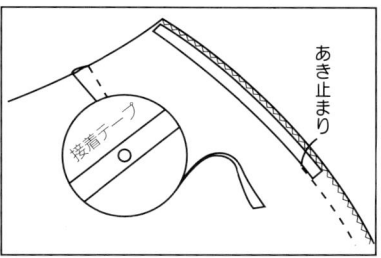

①前後のファスナーあきにのび止めテープをはっておく。

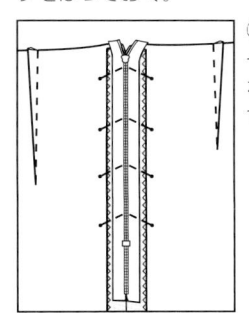

②裏からコンシールファスナーをのせて待ち針で止める。

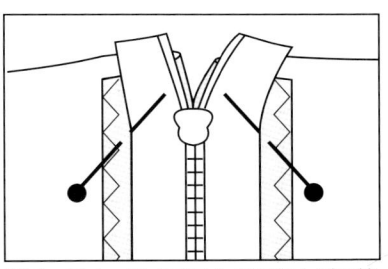

③ファスナーはウエストのでき上がり線からつけ始める。

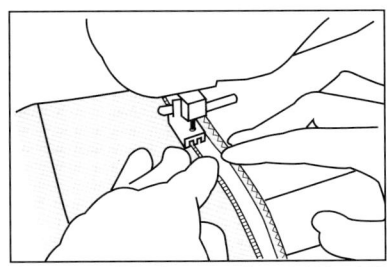

④ウエスト側からファスナーのむし（ギザギザのこと）のきわをぬう。

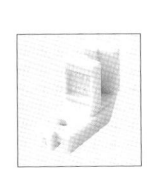

⑤コンシールファスナー押さえをミシンにつけてぬうと簡単。

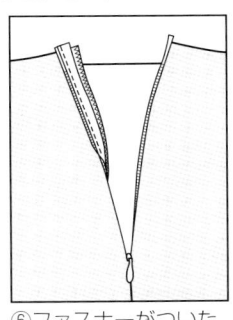

⑥ファスナーがついたところ。

6 ウエストの始末をする

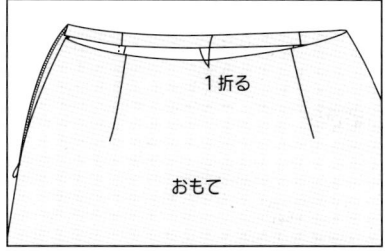

①ウエストのぬいしろ（1cm）を折ってアイロンで折り目をつける。

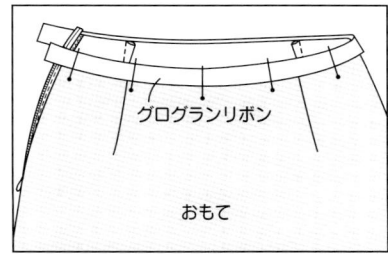

②表側からでき上がり線にグログランリボンをのせて待ち針で止める。

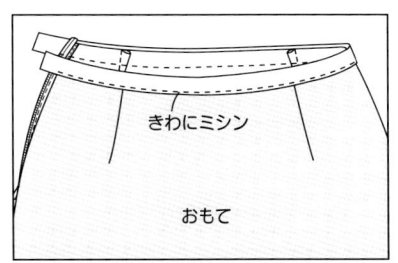

③リボンの下側のきわにミシンをかけてぬいつける。

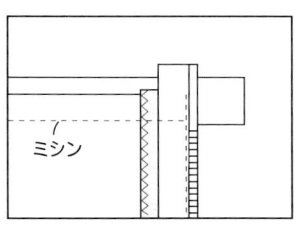

④ファスナーのぬいしろまでリボンをぬいつける。

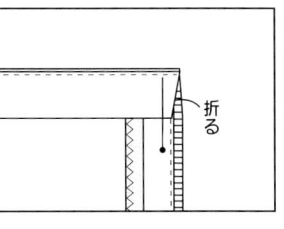

⑤リボンの端はファスナーをよけて折り、ウエストの裏側へ倒す。

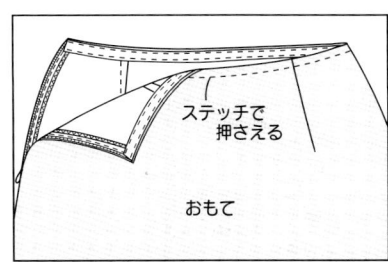

⑥ウエストの裏側に倒したリボンをステッチで押さえていく。

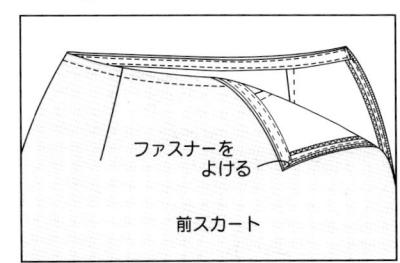

⑦ぐるりとリボンを押さえたら、ファスナーをよけて止める。

7 すそを上げる

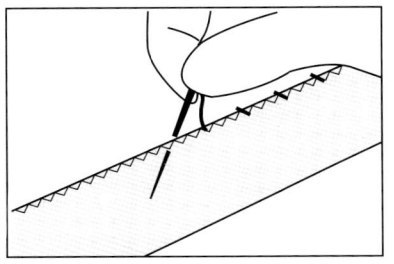

①アイロンで押さえておいたすそをまつる。

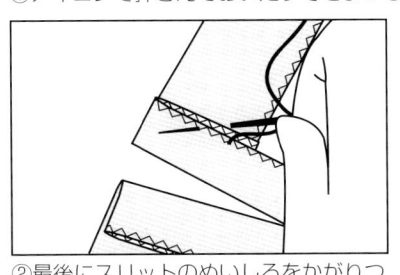

②最後にスリットのぬいしろをかがりつける。

8 でき上がり

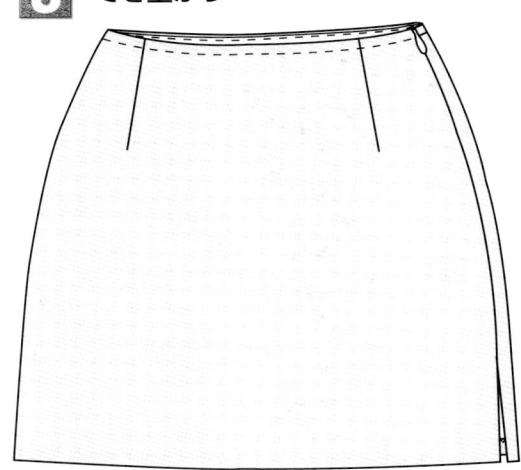

P.24 F NO.29

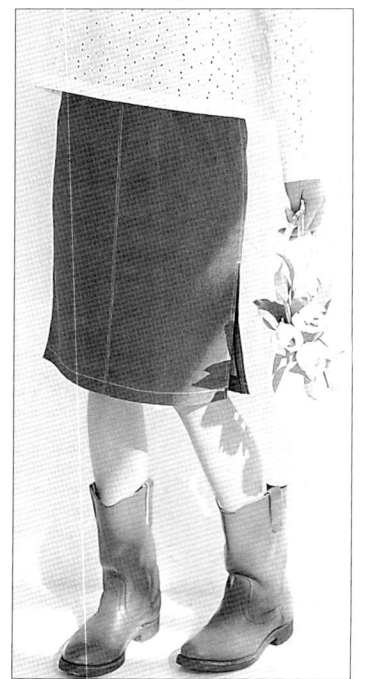

材料
ストレッチデニム124cm幅×70cm、1.5cm幅平ゴムテープを61cm

型紙の作り方
F 後スカート・F 前スカートの2枚を使う。ウエストを2cm高くのばし、すそ丈を4cmのばす。ダーツはとらない。

作り方順序
① わき、すそ、前後中央のぬいしろにジグザグミシンをかけておく。
② 前後とも中央をぬい合わせてぬいしろを割り、ぬい目の両側のきわにステッチをかける。
③ すそのぬいしろをでき上がりにアイロンで折っておく。
④ わきをスリット止まりまでぬい合わせて、ぬいしろをアイロンで割り、同じようにステッチをかける。片方のわきにゴム通し口を1.5cmあけておく。
⑤ スリットからすそをつづけてステッチをかける。
⑥ ウエストを折り返して2cm幅のステッチで始末し、ゴムを通してでき上がり。

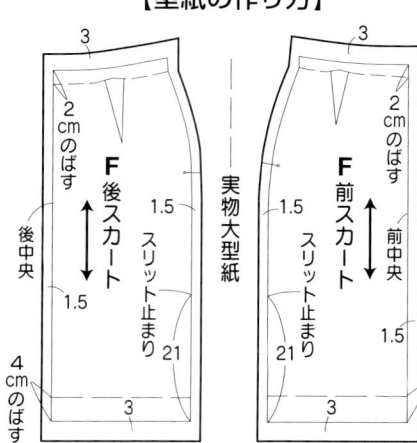

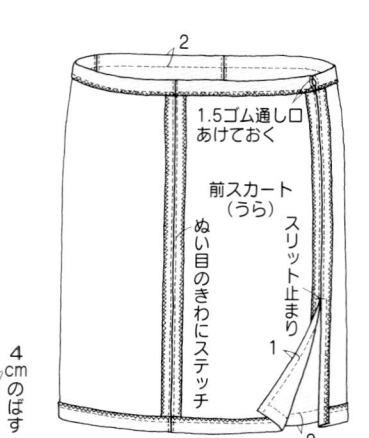

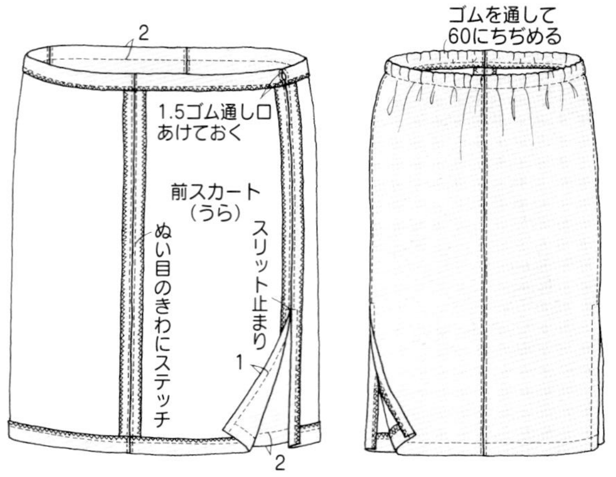

P.24 F NO.30

材料
赤のストレッチツイル110cm幅×1m、4cm幅の好みのチロリアンテープを1m、1cm幅のグリーンのリボンを2m

型紙の作り方
F 後スカート・F 前スカートの2枚を使う。すそを38cmのばして使う。ダーツはとらない。

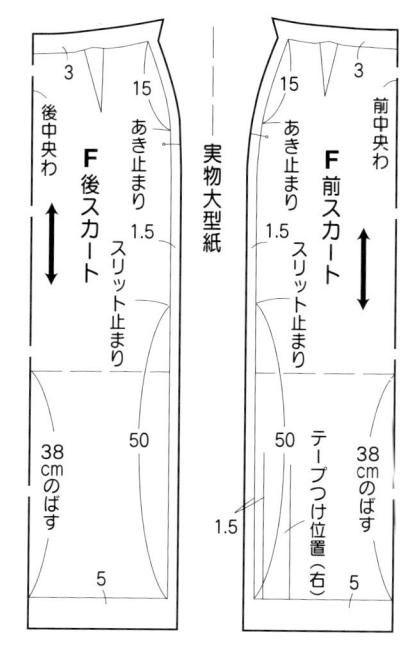

作り方のポイント
● スカート布の周囲にジグザグミシンをかけて、裁ち端を始末する。
● わきはあき止まりまでぬって、ぬいしろを割る。
● 前スカートに好みの飾りテープをつけ、ウエストとすそを折ってステッチをかける。

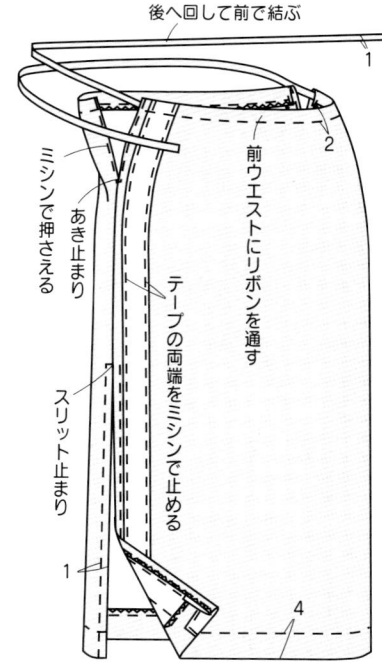

P.25

NO.31

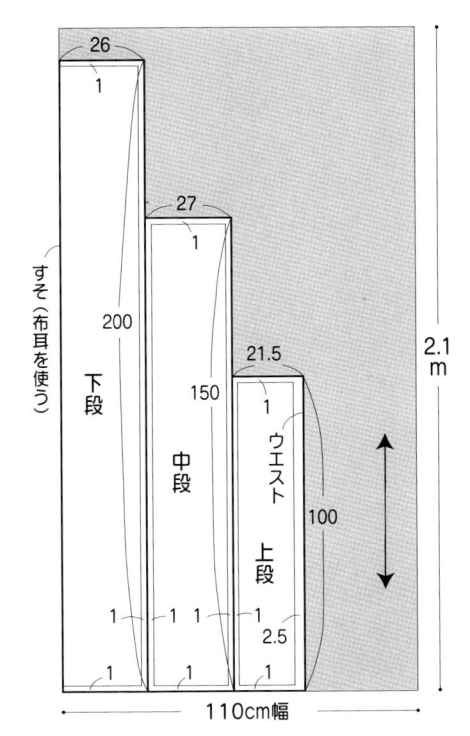

作り方順序
①ウエスト、すそ以外の裁ち端にジグザグミシンをかける。
②各段を中表に合わせて1cmのぬいしろでぬい、輪にする。上段のウエスト側はゴム通し口を残しておく。
③上段のウエストを三つ折りにしてミシンをかける。
④下段のすそにレースをつける。
⑤中段、下段にギャザーを寄せて、各段をぬい合わせる。

【でき上がり】

【各段のぬい合わせ方】

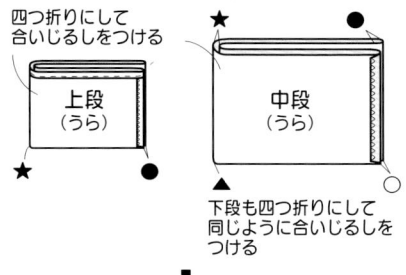

四つ折りにして合いじるしをつける

上段（うら）　中段（うら）

下段も四つ折りにして同じように合いじるしをつける

こまかい針目で2本ぐしぬい

中段（うら）　0.8　0.2　0.5　0.3　2本ぐしぬい

糸を2本いっしょに引いてギャザーを寄せ、上段の合いじるしと合わせてぬう

しるし（●）　上段（うら）　しるし（★）

しるし（★）　しるし（●）　中段（うら）

ウエスト　2.5残す　1

1.5三つ折り　1　ゴム通し口

（おもて）布耳　レースの上に布耳をのせてきわにミシン　0.5レース

材料
ダブルガーゼ110cm幅×2.1m、1.1cm幅のレース2m、1cm幅のゴムテープ70cm

裁ち方
型紙を作らないで、布を直接裁つ。裁ち方図に示した寸法で、各段を長方形に裁つ。

【裁ち方図】

26　1
下段　すそ（布耳を使う）　200
27　1
中段　150
21.5　1
ウエスト　上段　100
1　1　1
1　1　2.5
1
110cm幅　2.1m

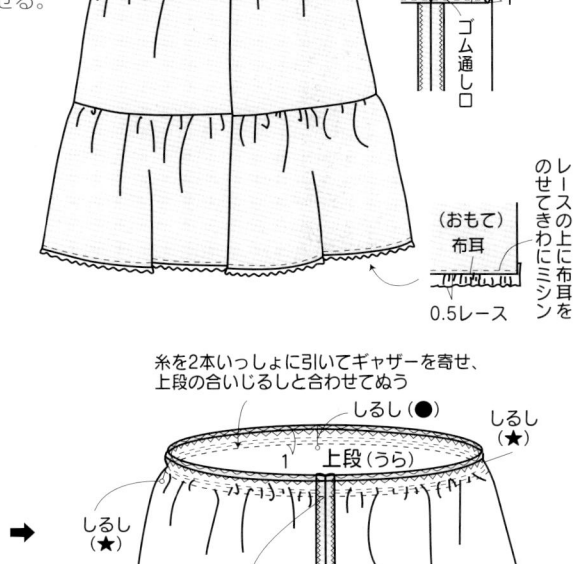

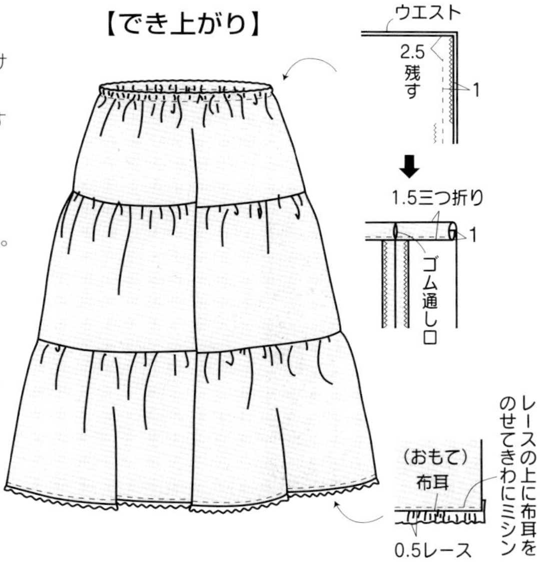

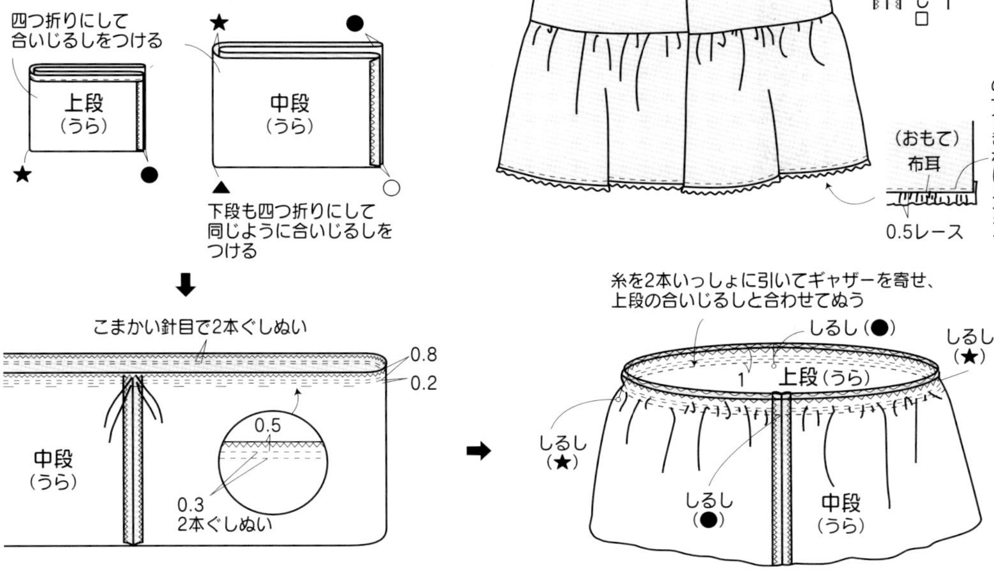

P.27

NO.34

材料
小花柄の木綿110cm幅×1m

作り方のポイント
●図を参照して布耳でひもを作り、つけ位置につける。
●布をあき止まりまで筒状にぬい、スリットのぬいしろにもステッチする。

【でき上がり】

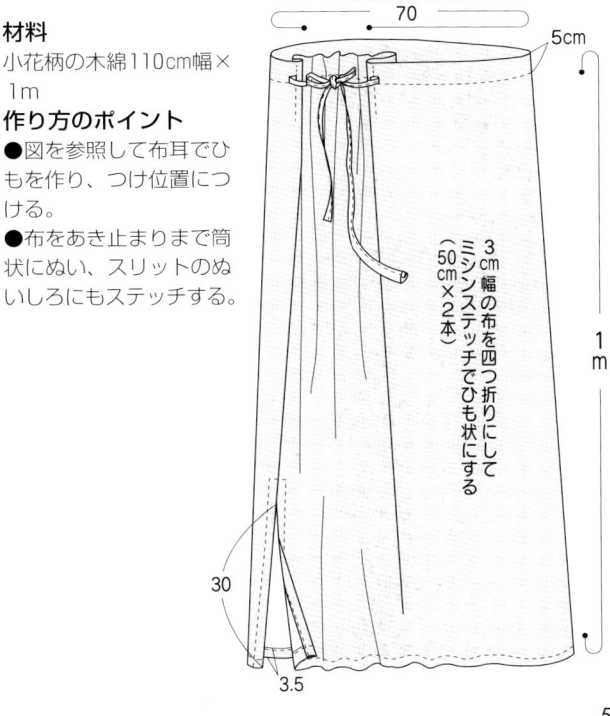

ひものつけ位置　70　5cm

3cm幅の布を四つ折りにしてミシンステッチでひも状にする（50cm×2本）

1m

30　3.5

P.26 NO.32

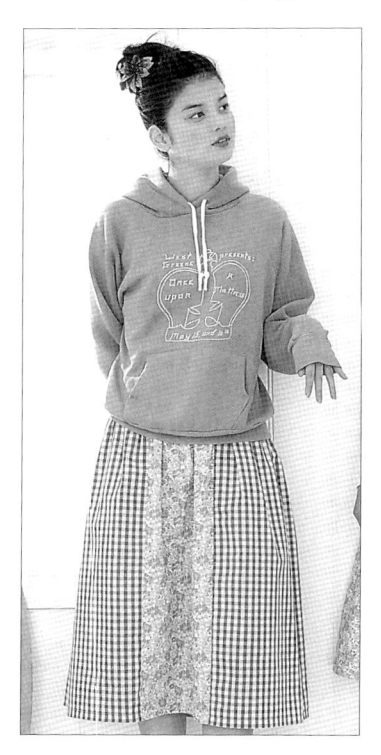

材料
パープル系の花柄木綿110cm幅×75cm、同系色のギンガムチェック110cm幅×75cm、1cm幅で平らなゴムテープ70cm

裁ち方のポイント
●図を参照し、チェックを布地幅の2分の1にして2枚、花柄を布地幅の4分の1にして2枚裁つ。

作り方のポイント
●チェックと花柄を交互に4枚はぎ合わせて、輪にする。
●ぬいしろはぬい割り、ウエストを図のように仕上がり2cmになるように三つ折りにしてミシンを2本かけ、下段にゴムテープを通す。
●すそを三つ折りにして、ミシンをかける。

【裁ち方】

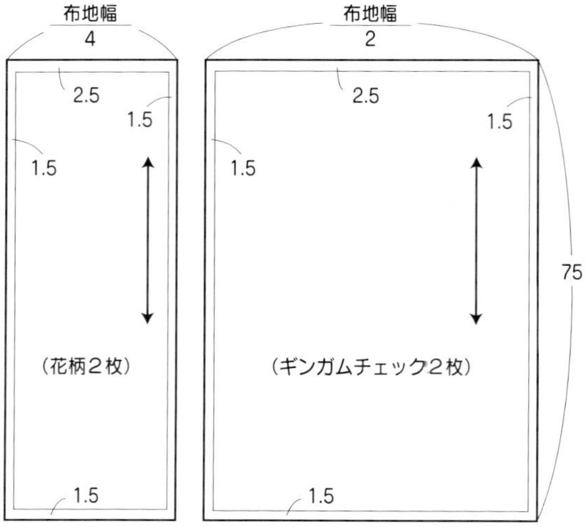

布地幅 4
2.5
1.5
1.5
（花柄2枚）
1.5

布地幅 2
2.5
1.5
1.5
（ギンガムチェック2枚）
75
1.5

【でき上がり】
0.7
1.3
ゴム通し口（下段にゴムを通す）
ミシンを2本かける
1.5
（うら）
1
三つ折りにしてミシンをかける

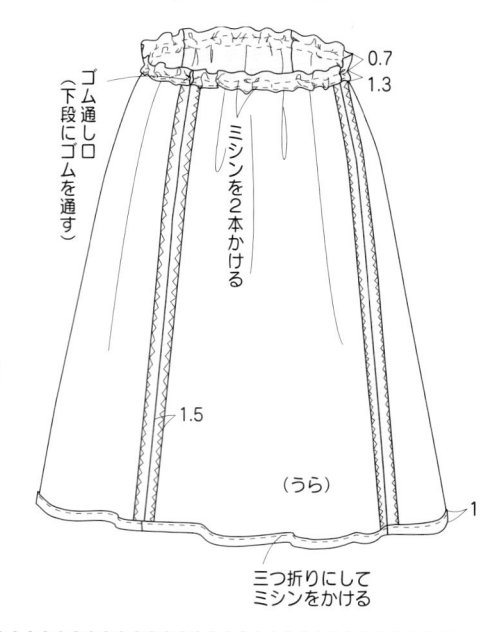

P.29 NO.37・38

材料（38のオーバースカート）
シフォン106cm幅×70cm、7mm幅平ゴムテープ62cm、7mm幅レース1.2m、ビーズ適量

作り方順序
①カーブのない製図なので、布地に直接チャコなどで線を引いてじか裁ちする。布地幅いっぱいに使い、わきのぬい目は布地の耳を利用する。これより狭い布地のときは、わきの一方を輪にしないで、ぬいしろを1cmつけて裁つ（用尺は1.4m必要）。

! アンダースカートはP.60参照

②ウエストのぬいしろにジグザグミシンをかける。
③すそ寄りにレースをミシンでぬい止めておく。
④わきをぬい合わせる。布耳を利用する場合はぬいしろを割り、利用しない場合は2枚いっしょにジグザグミシンをかける。
⑤ウエストとすそを図のように始末する。
⑥ウエストにゴムを通し、すそにビーズをぬい止めてでき上がり。

【裁ち方】

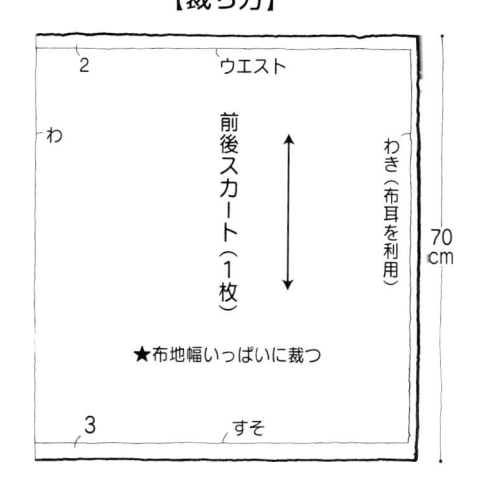

2　ウエスト
わ
前後スカート（1枚）
わき（布耳を利用）
70cm
3　すそ
★布地幅いっぱいに裁つ

【でき上がり】
ゴムを通して60にちぢめる
1.5
前後スカート（おもて）
ビーズは手で止めつける
レースはミシンでぬい止める
三つ折り
7　3
8
布耳でない場合2枚いっしょにジグザグミシン

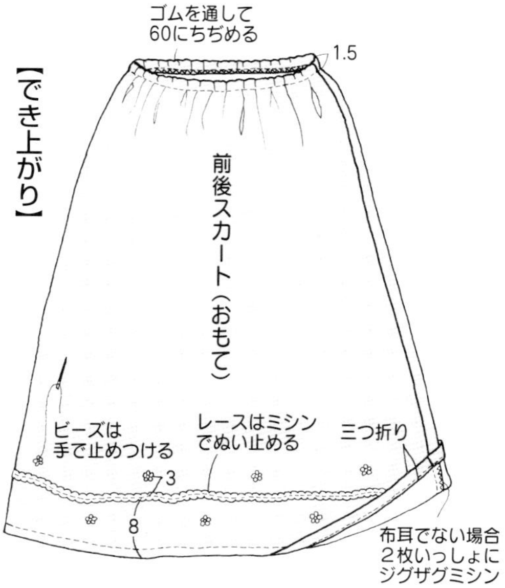

P.26 NO.33

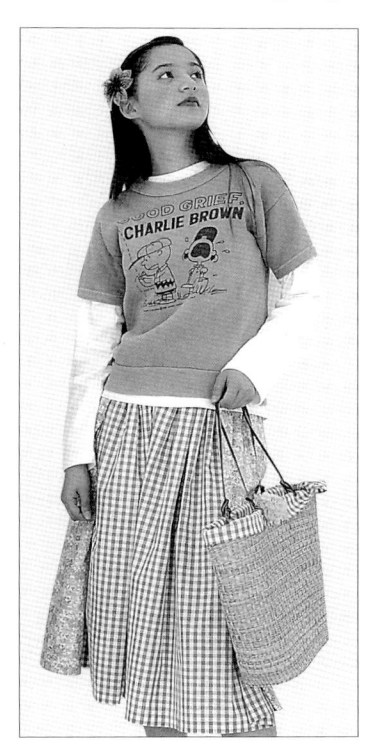

材料
グリーン系の花柄木綿110cm幅×75cm、同系色のギンガムチェック110cm幅×75cm、1cm幅で好みのリボンを2m、1cm幅で平らなゴムテープを60cm

作り方順序
①布幅いっぱい(最低90cm幅)で好みの丈(ここでは70cm)になるように裁つ。
②あき止まりまでわきをぬい、図のようにすそを三つ折りぬいにする。
③ウエストを三つ折りぬいにして、中に図の要領でゴムとリボンをつないで通す。
※スカート幅が広いので、全体を前に寄せたり、後に回して好みの形で巻いてはく。

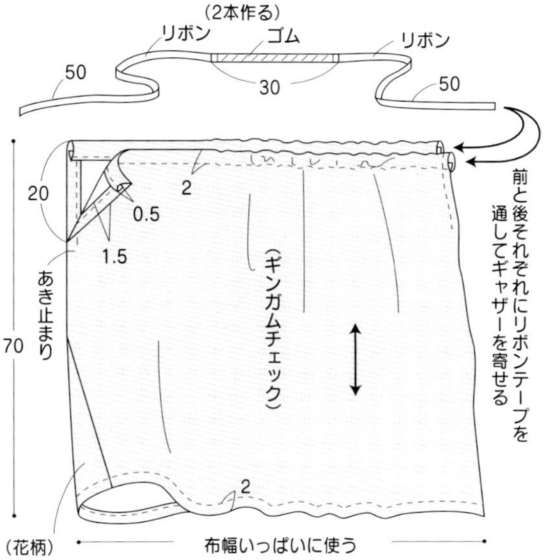

【でき上がり】
前リボン、後リボンをそれぞれ結んではく

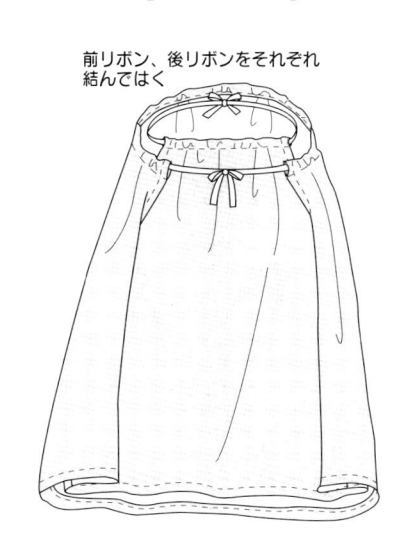

材料(37のトップ)
シフォン106cm幅×30cm、輪あみのリブニット68cm幅×35cm、丸ゴム65cm、ビーズ適量、7mm幅レース20cm

作り方順序
①カーブのない製図なので、布地に直接チャコなどで線を引いてじか裁ちする。
②リブニットとシフォンのすそにジグザグミシンをかけておく。
③シフォンの後中央をぬい合わせて、ぬいしろは2枚いっしょにジグザグミシンをかける。
④シフォンとリブニットの合いじるしを合わせて待ち針で止め、シフォンの長さに合うようにリブニットを引っぱりながらミシンでぬい合わせる。
⑤表に返してステッチで押さえる。このとき、シフォンのぬい目のところでゴム通し口を1.5cmぬい残しておく。
⑥上に重ねたシフォンをはね上げてゴム通し口から、ゴムを通す。
⑦リブニットのすそは折り上げてまつり、シフォンのすそにビーズをつけ、胸元にリボン結びをしたレースを止めてでき上がり。

【裁ち方】

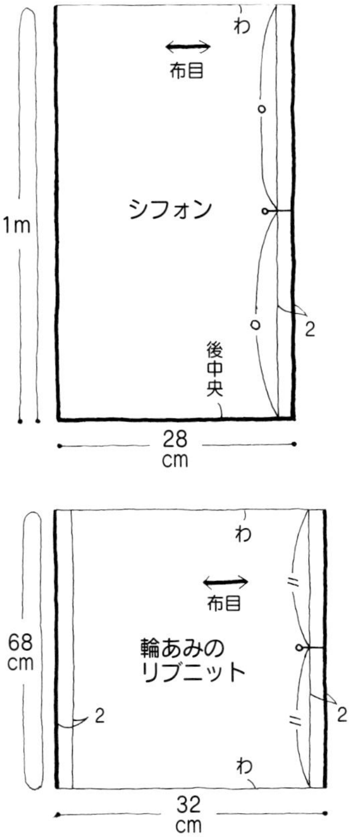

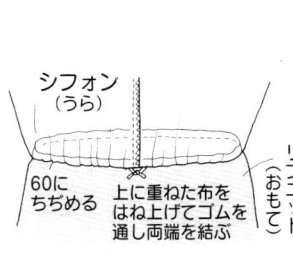

【作り方手順】

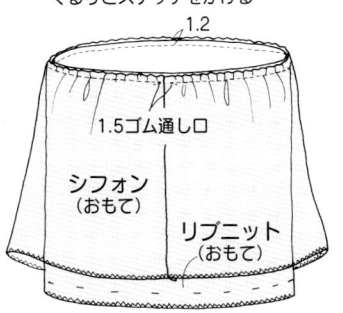

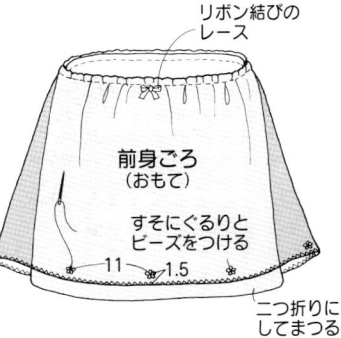

35・36・38のアンダースカート

【製図】 【でき上がり】

2　1.5
1.5
19
わ
↓
前後スカート（2枚）
91.5cm
1
あき止まり
34
2
50cm

ゴムを通して60cmにちぢめる
前スカート（おもて）
34
0.7
1

材料
ナイロン地110cm幅×1m、
7mm幅ゴムテープ65cm

作り方順序
①わきにジグザグミシンをかけておく。
②前後スカートとも、すそを三つ折りにしてステッチで止める。
③あき止まりまでわきをぬい、ぬいしろをアイロンで割る。
④スリットのぬいしろをステッチで止める。
⑤ウエストは三つ折りにしてステッチをかける。このとき、1.5cmぬい残してゴム通し口にする。
⑥ゴムテープを通してでき上がり。

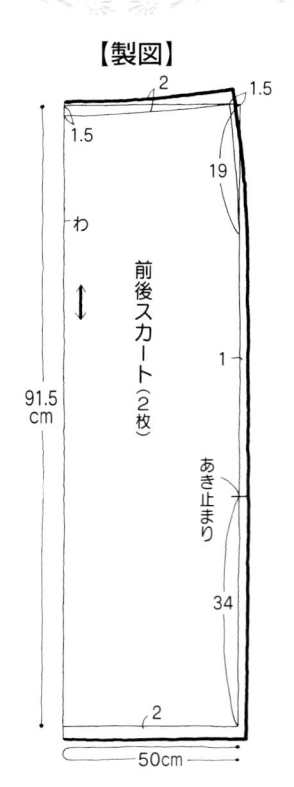

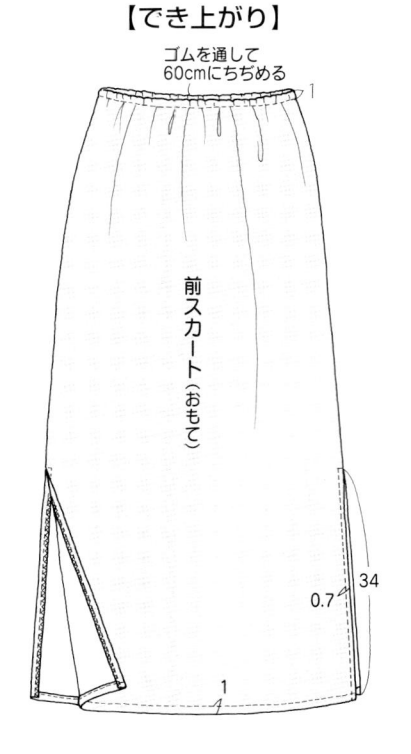

P.28　NO.36

P.30　NO.39

【作り方手順】

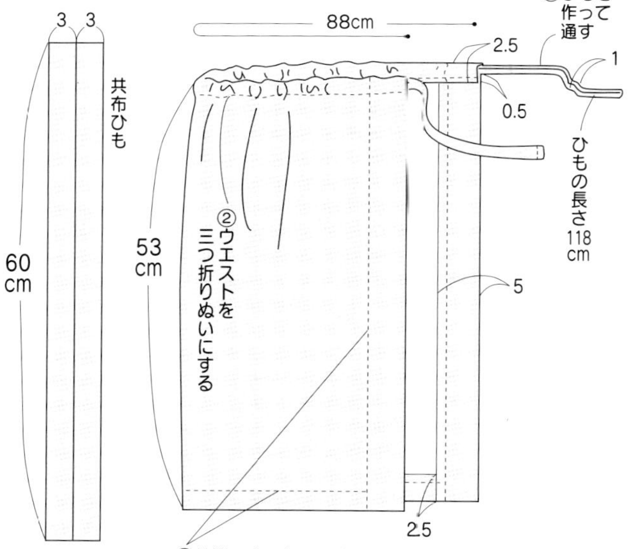

3　3
共布ひも
60cm

88cm
③ひもを作って通す
2.5
0.5
1
ひもの長さ118cm
53cm
②ウエストを三つ折りぬいにする
5
2.5

①前端、すそを三つ折り始末する

【前端、すその始末】 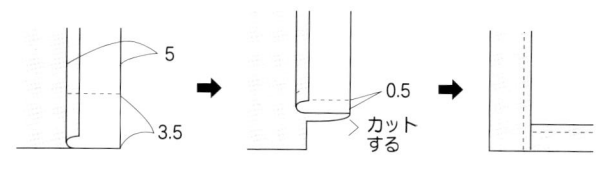
5
3.5
→
0.5
カットする
→

前端を三つ折りにして始末する。
●ウエストを三つ折りぬいにし、ひもを通す。

材料（オーバースカート）
テンセルデニム148cm幅×60cm
作り方のポイント
●布を1m幅にカットし、図のようにすそと

材料（スカート）
サテンジャカード112cm幅×70cm、
1.2cm幅平ゴムテープをウエスト寸法＋2cm分

材料（オーバースカート）
55cm幅×40cmくらいのレースあみのテーブルセンター2枚、9mm幅のサテンリボン132cm

作り方のポイント
● 図のようにテーブルセンターの両端にリボンをぬい合わせてエプロンを作る。前後同じものを2枚作る。
● アンダースカートの上にエプロンを重ねて腰の位置でリボンを結んで着る。

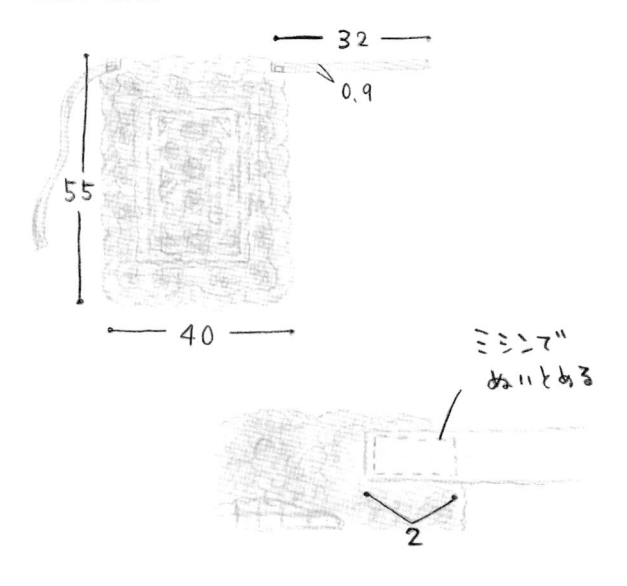

P.28 NO.35

材料（オーバースカート）
チェック柄のオーガンジー135cm幅×90cm、5mm幅グログランリボンの水色と紺を各1.1m

作り方順序
① 図のように前後スカートとも5mm幅のタックを5cm間隔でぬい、すべて一方方向を向くようにアイロンで押さえておく。
② 前後スカートを中表に合わせてわきをあき止まりまでぬい、ぬいしろは2枚いっしょにジグザグミシンをかける。
③ ぬい止まりのところで前スカートのぬいしろにだけ切り込みを入れてぬいしろを割る。
④ 図のようにあきを作ってリボンを通す。
⑤ すそは三つ折りにしてステッチで止めてでき上がり。

【作り方手順】 【ゴム通し口のぬい方】

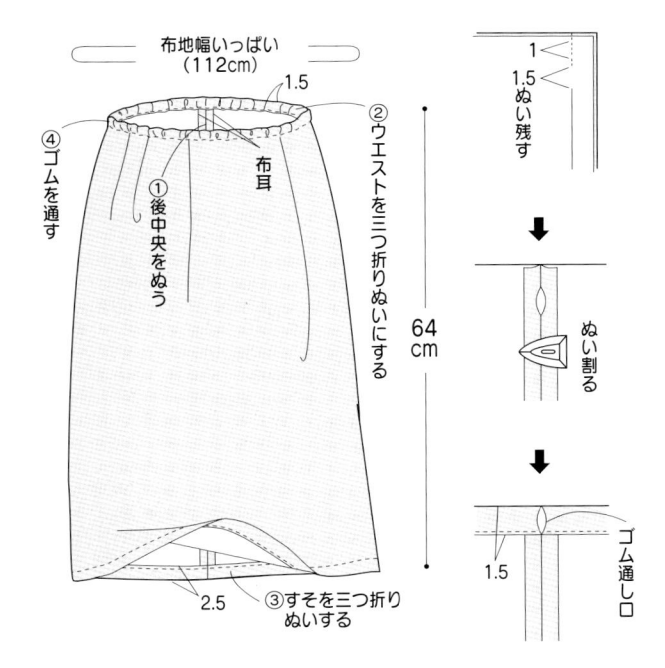

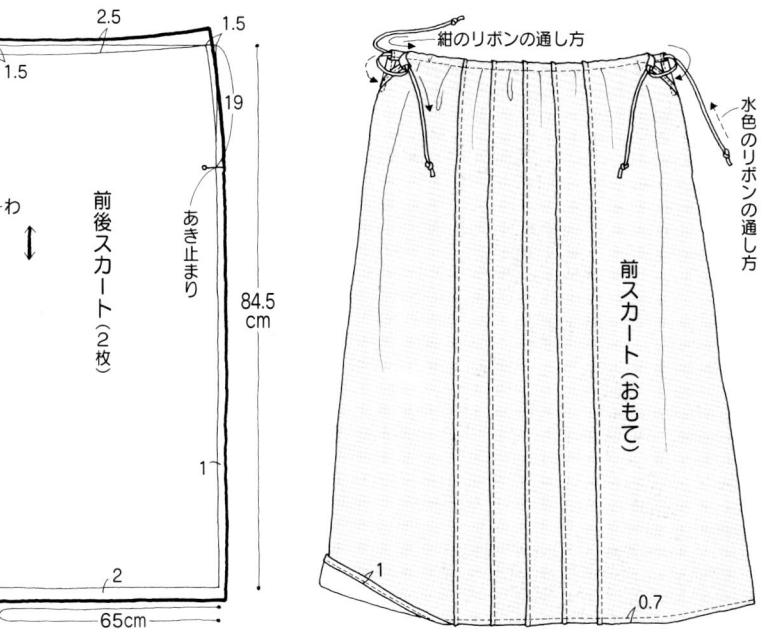

作り方ポイント
● ウエストはぬいしろ2.5cmを1.5cmの三つ折りに、すそはぬいしろ3.5cmを2.5cmの三つ折りにしてアイロンをかけておく。
● 後中央をぬい合わせるとき、ゴム通し口をぬい残す。

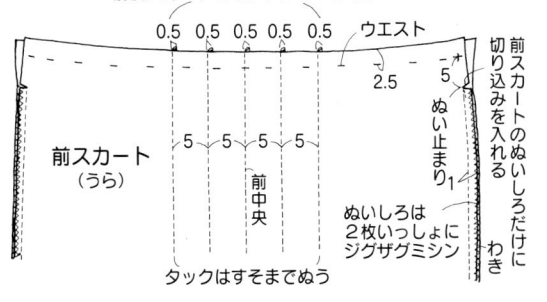

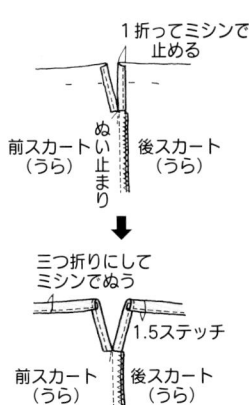

P.31 NO.41

材料
前スカート用にチェック地を108cm幅×60cm、後スカート用にマイクロフリースを100cm幅×60cm、2cm幅ゴムテープをウエスト寸法＋2cm分

作り方のポイント
● 2種類の布で前後同形の直線裁ちにする。半端になった布を2種類組み合わせたり、好みの柄を組み合わせたりして自由に作る。

【裁ち方】

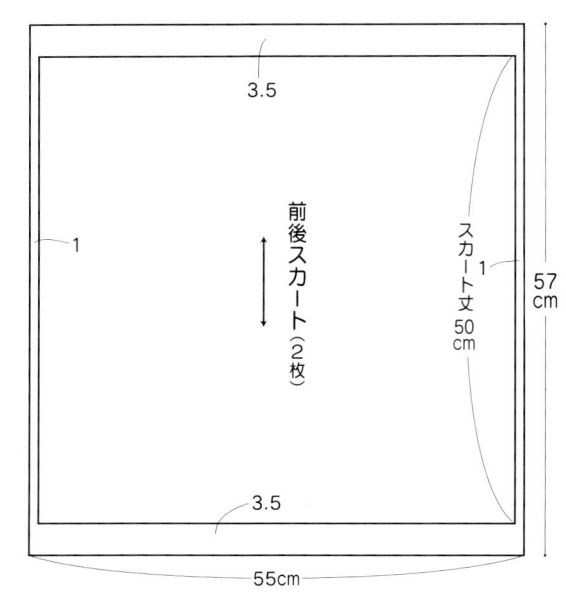

- 3.5
- 1
- 前後スカート（2枚）
- スカート丈 50cm
- 3.5
- 55cm
- 57cm

【でき上がりと作り方手順】

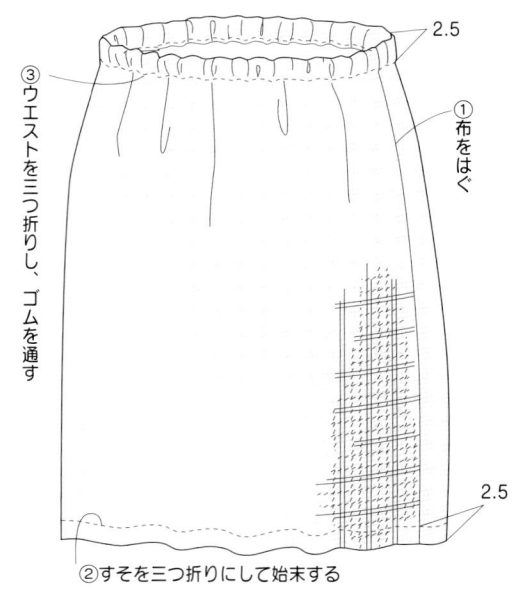

- ①布をはぐ
- ②すそを三つ折りにして始末する
- ③ウエストを三つ折りし、ゴムを通す
- 2.5
- 2.5

P.32 NO.43

材料
ストライプのデニム（ヒッコリーと呼ぶ）を120cm幅×90cm、2.5cm幅のあや織り綿テープを1.7m

作り方順序
①ストライプの向きに注意しながら、図のようにスカートとポケットを裁つ。
②すそとウエストはぬいしろ端にジグザグミシンをかけ、折ってステッチをかける。
③布耳を利用したスカートの両前端は折ってステッチをかけておく。
④図の位置にポケットをぬいつけ、綿テープのひもを図のように両ウエスト端にぬいつける。

【裁ち方】
- 120cm幅
- 布耳
- 3.5
- 前後スカート
- 3.5
- 90cm
- 5
- ポケット 2 1 / 1 1
- 20
- 23
- ポケット口側

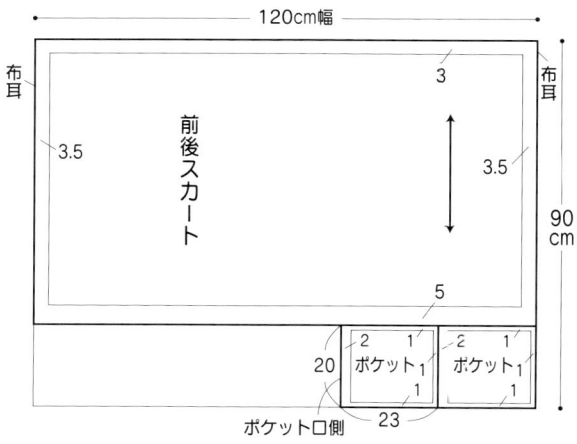

【作り方】
- 85cm
- 2.5cm幅
- 綿テープ
- 3
- 2.5
- 15
- 約25
- ポケットは、腰に巻いたときわき線のあたりにくるようにつける
- 布耳
- 4.5

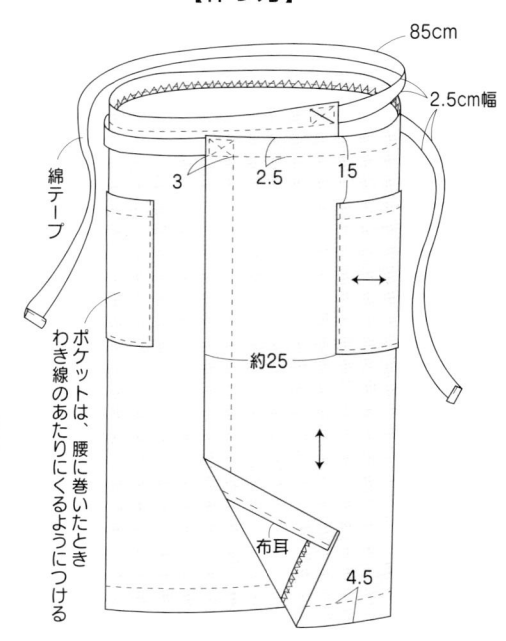

P.31 NO.40

材料
スカート
ストレッチデニム132cm幅×43cm、ストライプニット地125cm幅×15cm、2cm幅ゴムテープをウエスト寸法＋2cm分
マフラー
ストライプニット地125cm幅×20cm

作り方のポイント
●デニムとニットをはぎ、ぬいしろにジグザグミシンをかけ、デニム側に倒してステッチをかける。
●布端は布耳側を上にして2cm重ね、ステッチで押さえる。
●ウエストは三つ折りするが、図のようにぬい残し、ゴムを通してから、ぬい残したところをぬう。
●マフラーは、布幅いっぱいを長さとして使う。

【マフラーの作り方】

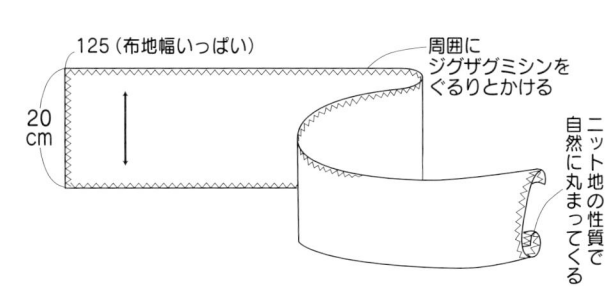

【作り方手順】

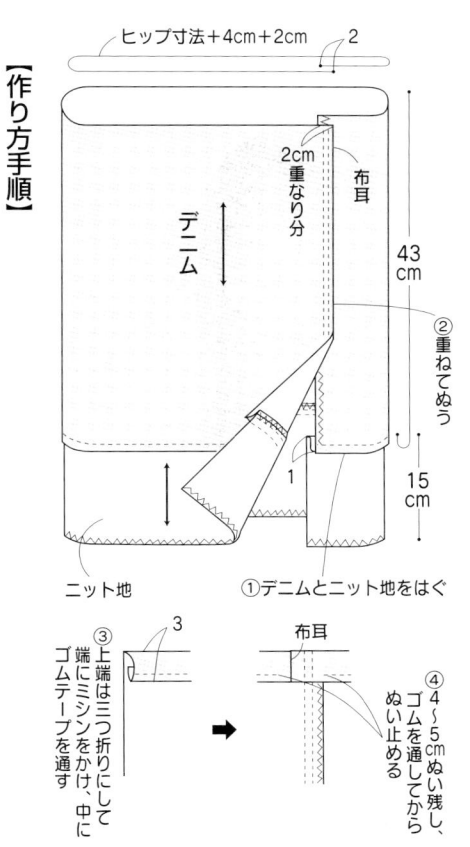

P.32 NO.42

材料
花柄プリント110cm幅×70cm（フリルの分量を多くするときは布幅の広いものを選ぶ）、1cm幅ゴムテープ約60cm

【裁ち方】

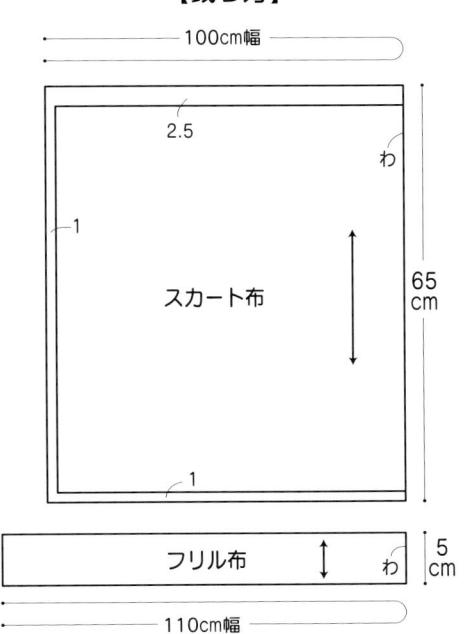

【フリル布の端始末】

こまかいジグザグミシン　または　三つ折り端ミシン

【でき上がりと作り方手順】

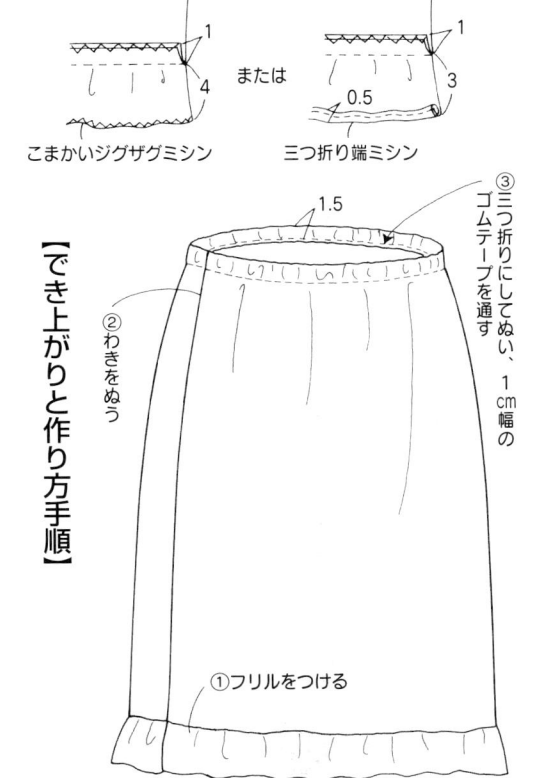

掲載作品と同じジャケットとスカートが作れる

大きなサイズの実物大型紙を通信販売

11号（B90cm）〜23号（B127cm）対応のグレーディングパターン。切りとってそのまま使えます。

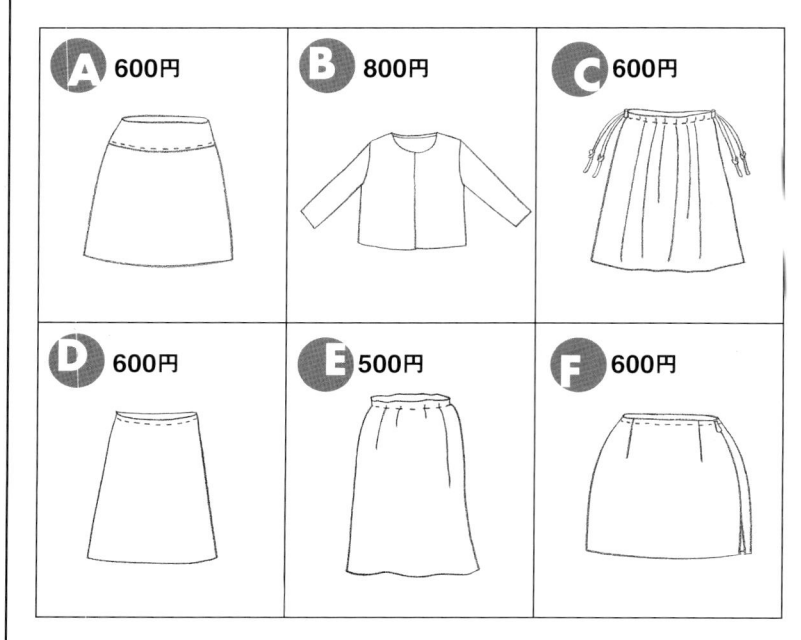

A 600円	**B** 800円	**C** 600円
D 600円	**E** 500円	**F** 600円

デザインは全く同じですが、立体感のある体にフィットするよう、パターンアレンジしてあります。

ご希望の方は 0120-58-9331 に

FAX 047-481-4820でのご注文の場合はご住所、氏名、電話番号、型紙番号、お支払い方法を書いて送信してください。

お支払い方法

① 代金引きかえ：商品のほかに、送料（410円）、代金引きかえ手数料（525円）がかかります。
② 前払い：（郵便振替）郵便局備えつけの振替用紙にご希望の型紙番号をご記入の上、型紙代金＋送料をお支払いください。3000円以上お買い上げなら送料無料！

送金先

郵便振替　00140-5-650476　創イングスタジオバズ

http://www.s-buzz.co.jp のホームページでも大きいサイズのオリジナルパターンをたくさん発表しています。是非ご来店ください。

お問い合わせ先　創イングスタジオバズ

八千代市八千代台北5-3-9　047-481-4810

手作り1年生シリーズ　スカート

平成13年7月10日　第1刷発行
平成14年7月20日　第3刷発行

編　者　主婦の友社
発行者　村松邦彦
発行所　株式会社　主婦の友社
　　　　〒101-8911　東京都千代田区神田駿河台2-9
　　　　電話　03-5280-7537（編集）
　　　　　　　03-5280-7551（販売）

もし落丁、乱丁その他不良の品がありましたら、おとりかえいたします。お買い求めの書店か、主婦の友社資材刊行課（電話03-5280-7590）へお申しくださいませ。
©ShufunotomoCo.,Ltd.2001　Printed in Japan
ISBN4-07-230639-8

Ⓡ本書の全部または一部を無断で複写（コピー）することは、著作権法上での例外を除き、禁じられています。本書からの複写を希望される場合は、日本複写権センター（電話03-3401-2382）にご連絡ください。